Antonio Mira de Amescua

El ejemplo mayor de la desdicha

Barcelona **2024**
Linkgua-ediciones.com

Créditos

Título original: El ejemplo mayor de la desdicha.

© 2024, Red ediciones S.L.

e-mail: info@linkgua.com

Diseño de cubierta: Michel Mallard.

ISBN rústica: 978-84-9816-082-6.
ISBN ebook: 978-84-9897-558-1.

Sumario

Créditos _____ 4

Brevísima presentación _____ 7
   La vida _____ 7

Personajes _____ 8

Jornada primera _____ 9

Jornada segunda _____ 47

Jornada tercera _____ 89

Libros a la carta _____ 127

Brevísima presentación

La vida

Antonio Mira de Amescua (Guadix, Granada, c. 1574-1644). España.
De familia noble, estudió teología en Guadix y Granada, mezclando su sacerdocio con su dedicación a la literatura. Estuvo en Nápoles al servicio del conde de Lemos y luego vivió en Madrid, donde participó en justas poéticas y fiestas cortesanas.

Personajes

Belisario
Justiniano, emperador
Alberto
Floro
Fabricio
Narsés
Filipo
Criado
Teodora, emperatriz
Antonia, patricia
Marcia
Camila
Leoncio
Julio

Jornada primera

(Salen por una puerta, al son de cajas, Belisario, Floro, Fabricio. Por otra Leoncio, de peregrino.)

Floro
> Como tus hechos divinos
> son asombro de la muerte,
> todos han salido a verte.
> Ciudades son los caminos.
>   Los riscos y árboles son
> miradores, donde están
> pasmados, hombres que dan
> ojos a la admiración.
>   En el vulgo incierto y vario
> cada cual está diciendo:
> «¡Válgame Dios, que estoy viendo
> al valiente Belisario!»

Belisario
> Alabar sin ocasión
> es de necios, no es de sabios.
> Las lisonjas son agravios
> para el prudente varón.
>   Habla menos y obra más.

Floro
> Lisonjeros hay valientes
> y en la guerra serví.

Belisario
>   Mientes.

Floro
> Algún día lo verás.

Leoncio (Aparte.)
>   (Dicha ha dado la ocasión;
> si le mato la tendré,
> aunque en esta ocasión se

que es temeraria intención.)
    Capitán, tú que has ganado
los reinos que el Ganges ven,
manda que limosna den
a este mísero soldado.

Belisario   ¿A un hombre le oigo decir
«soldado y mísero» cuando
de Persia vengo triunfando?
No lo podrá consentir
    la piedad que yo profeso.
¿Dónde servisteis, soldado?

Leoncio (Aparte.)   (En estando descuidado
este puñal le atravieso.)
    Con Leoncio el general
en las guerras de Asia.

Belisario   Fue
gran capitán.

Leoncio   Hoy se ve
desterrado, pobre y tal,
    que lástima le ha tenido
el que envidia le tenía.
Su fortuna fue la mía.
Por seguirle me he perdido.

(Aparte.)   (Cuando limosna me dé,
    teñiré en sangre el puñal.)

Belisario   Leoncio ha sido leal
como desdichado fue.
    Envidias le han desterrado,
mas ya que a la corte vengo,

dicha y favor le prevengo.
¡Vive Dios, que perdonado
  será del Emperador!
De mis victorias no espero
otro premio; solo quiero
sus mercedes y favor
  para Leoncio, y así
éste será mi trofeo.
Mucho su amistad deseo.
Años ha que no le vi,
  y vos, que fuisteis soldado
de buen capitán, tomad.

(Dale una cadena.)   No tenga necesidad
quien a mis pies ha llegado.

Leoncio (Aparte.)   (¿Qué es aquesto, cielos? ¿Quién
se puede atrever a un hombre
que merece inmortal nombre,
valiente y hombre de bien?
  ¿Cómo podrá mi crueldad
dar a Belisario muerte,
si en sí tiene un peto fuerte
de virtud y de piedad?
  ¡Vive Dios!, que aunque me ordena
que muerte le dé Teodora,
ha de perdonarme agora.
Prisión es esta cadena.)
  Tu esclavo soy, general,
columna gallarda y fuerte
del imperio. Dame muerte

(Arrójale el puñal a los pies.)

con este mismo puñal.

A tus pies llegué traidor,
y lealtad me has enseñado.
De clemencia está armado.
Mal te ofenderá el rigor
  de los hombre. Si he venido
a matar, pague el pecado
del haberlo imaginado
y del haberlo emprendido.
  Porque a delito tan fuerte
aun no hay pena establecida;
poca pérdida es la vida,
pequeño mal es la muerte.

Fabricio   ¡Muera el traidor!

Floro   ¡Muera digo!

Belisario   Dejadle, que ese rigor
no es dar la muerte a un traidor,
sino matar a un amigo.
  Mucho pierdo en él si muere.
Cuando matarme quería
esa pena merecía;
no agora que ya no quiere.
  Pues bien de mí ha recibido
y él reconociendo ya
su obligación, claro está
que ha de ser agradecido.
  Si éste después de obligado
darme la muerte quisiera,
pena inmortal mereciera,
pero si ya ha confesado,
  arrepentido su error
y a mi amistad no es ingrato,

claro está que si le mato
vengo yo a ser el traidor;
   y seré más liberal
si en esta opinión que digo
de un contrario hago un amigo
y de un traidor un leal.
   Levanta.

Leoncio   Una pena airada
quisiera más, que comienza
a matarme la vergüenza,
y es muerte más dilatada.
   Beso tus pies.

Belisario   ¿Por qué, di,
me matabas?

Leoncio   Fui mandado.

Belisario   ¿Quién mi muerte ha deseado?

Leoncio   El secreto prometí
   y si agora te lo digo
es hacer otra acción fea,
y no es bien que traidor sea
cuando llego a ser tu amigo.

Belisario   Sí; mas no sabiendo yo
de quién me debo guardar
siempre en peligro he de estar.
Y aquél que no me avisó
   de mi daño, no es mi amigo.

Leoncio   Yo me confieso obligado,

13

y con el mismo cuidado
has de estar si te lo digo.
　Yo he de hacer que tú no mueras;
tu vida he de defender,
y así yo pretendo hacer
lo que tú si lo supieras.
　Callando cumplo conmigo;
honrado en esto seré,
y siendo honrado podré
cumplir obrando contigo.
　Tu guarda soy.

| Floro | 　　　　¿No es mejor,
sin que la ocasión se pierda
darle diez tratos de cuerda,
y que diga este traidor
　quién te ha mandado matar? |

Floro 　　　　　　¿No es mejor,
sin que la ocasión se pierda
darle diez tratos de cuerda,
y que diga este traidor
　quién te ha mandado matar?

Belisario 　Yo, Floro, por muchos modos
tengo de hacer bien a todos,
y esto me habrá de guardar.
　Su afrenta lleva consigo
quien mal al bueno desea;
haga yo bien siempre, y sea
quien quisiere mi enemigo.

Floro 　　　Tu misma virtud será,
que envidias te habrá causado.

Belisario ¡Que el malo no es envidiado,
y el bueno siempre lo está!

Leoncio 　　　No es envidia, que es mujer
tu enemigo, si es verdad

que la envidia y la amistad
entre iguales ha de ser.

Belisario   ¡Mujer enemiga mía!
Ya más cuidado recibo,
que es animal vengativo
cuando obstinado porfía.
  En todo tiene mudanza
su fácil naturaleza,
y solo tiene firmeza
en el odio y la venganza.
 ¡Ay, miserable pensión
de la vida! ¡Ay, hado fiero!
El triunfo y pompa que espero
es la rueda del pavón.

Floro   ¿Una mujer desanima
tu valor?

Belisario   ¡Válgame Dios!
¿Quién es ésta?

Floro   Una de dos:
la emperatriz o su prima.
  Claro está que es poderosa
la que te quiere ofender.

Belisario   Floro, cualquiera mujer
puede mucho si es hermosa.
  Pero de esas dos ninguna
al discurso de mi vida
puede mover ofendida
la rueda de la Fortuna.
  Antonio Patricia fue,

¿cómo en esto no reparas?,
el altar en cuyas aras
el alma sacrifiqué.
  Favorece mi cuidado,
mi mismo aumento desea.
¿Cómo quieres que ella sea
la que mi muerte ha intentado?

Floro   ¿Y la emperatriz Teodora?

Belisario   Es un ángel soberano,
y si provincias le gano
en los reinos del aurora,
  si los reyes del oriente
pongo a sus pies, ¿qué ocasión
puede darle indignación?

Floro   Si mi memoria no miente
  y mi discurso no es necio,
no pensando que sería
emperatriz, te quería;
y hoy se venga del desprecio,
  y porque a su prima amabas
con tal afecto y ardor
que llevado de este amor
sus favores no estimabas.

Belisario   No la amé, y en esto fundo
que no es su pecho tirano,
pues la amó Justiniano
y es emperatriz del mundo.

Floro   Pues, Antonia será.

Belisario	No.
Floro	¿Por qué no si la mujer siempre suele aborrecer al mismo paso que amó?

(Suenan atabalillos.)

Fabricio	A recibirte ha salido sin duda el emperador.
Floro	¡Grande bien!
Fabricio	¡Grande favor!
Leoncio (Aparte.)	(Pues que no soy conocido quiero esperar hasta ver si me consigue el perdón Belisario. ¡Oh, gran varón, inmortal habías de ser!)
Floro	Señor, el César entienda que en el guerra le serví.
Belisario	Si tú me sirves a mí, merced te haré de mi hacienda. La del rey para el soldado solo se debe guardar. ¿Si no te vi pelear, cómo he de verte preciado?
Floro	No ves siempre al que pelea. Muchos persianos maté.

Belisario	Pues haz que el César te dé premios sin que yo lo vea.

(Sale el Emperador, con acompañamiento. Suenan cajas.)

Emperador	¡Belisario amigo!
Belisario	El nombre, gran señor, de la amistad en sí contiene deidad; no se debe dar a un hombre. Proporción no ven contigo mis merecimientos, y hallo que en llamarme tu vasallo me honras más que en ser tu amigo.
Emperador	Más, Belisario, mereces. Dame los brazos.
Belisario	Señor, a tus pies estoy mejor.

Emperador	La modestia miente a veces.
	  ¡Vive Dios!, que más quisiera
	ser yo tú que ser el dueño
	del mundo, reino pequeño,
	clima estrecho, corta esfera
	  para tus méritos. Di,
	¿no es más saberlo ganar
	que acertarlo a gobernar?
	Tú no dependes de mí.
	  Contigo traes el valor,
	ser te da tu mismo ser;
	pero yo te he menester

para ser emperador.
  Reinos me ganas, y así,
icuánto mejor me estuviera
que yo provincias te diera
que no el dármelas tú a mí!

Belisario   Como tu deidad es mucha,
reflejos de luz nos da.

Emperador   ¿Persia es del imperio ya?

Belisario   Sí, señor.

Emperador   Di, ¿cómo?

Belisario   Escucha:

  Cuando Persia, señor, las armas toma
sin temer del imperio los blasones
y la fatal violencia con que doma
tigres en Asia, en África leones,
con las invictas águilas de Roma
rompieron tus gallardos escuadrones
ondas de plata, arenas de granates
en el rápido curso del Eufrates.
  En Duras, que es de Persia la frontera,
un fuerte fabricamos eminente
que amenazó del Sol la rubia esfera
con el altivo ceño de su frente;
émulo fue del Olimpo, y de manera
admiró las provincias del oriente,
que temieron que Júpiter quería
fulminar desde allí su monarquía.
  Nuestro ejército estaba dividido.

Yo la mayor Armenia conquistaba
cuando el persa feroz nos ha impedido
el edificio, maravilla octava.
La fábrica postró, y al gran ruido
volvió del Tigris la corriente brava
atrás, y en desiguales horizontes
temblaron las columnas de los montes.
 Babilonia gimió, y estremecida
de ser cadáver ya tuvo recelo
creyendo que a borrar la humana vida
desataba sus máquinas el cielo.
Yo que el estruendo, no de la caída,
de la fama escuché, el trágico vuelo
de aquel agravio me encendió de suerte
que tembló de mi cólera la Muerte.
 Como suele el halcón de la Noruega,
si teme el trasmontar del breve día,
darse prisa a cazar, y no sosiega
hasta ver su rapante tiranía;
temiendo la ocasión que se me niega
a la venganza fue la prisa mía;
torbellino de Armenia, en un momento,
rayo del cielo fue y halcón del viento.
 Al fin vengué el agravio, y luego parte
el vencedor ejército, marchando,
como suelen relámpagos de Marte,
deshaciendo las nubes y tronando.
Apenas el católico estandarte
en Persia tremoló sus plumas cuando
tímidos lloran a la humana suerte
los pálidos asombros de la muerte.
 Si viste, gran señor, langosta parda
talando rubia mies; si viste un río
que la ley de sus márgenes no guarda

porque las lluvias le causaron brío;
si viste fiero incendio que acobarda
las fértiles campañas del estío,
nuestro ejército, así, latino y griego, .
río, langosta, fue, diluvio y fuego.
   Su ejército me oponen y confían
en la bárbara furia de elefantes
que con navajas de marfil herían
las tropas de caballos y de infantes.
Cien torres que montañas parecían
llevaban estos brutos arrogantes,
y tantas flechas disparaban de ellas
que eclipsaron el Sol y las estrellas.
   Su natural instinto prevenido,
en medio de los campos he formado
un arroyo de sangre, que han vertido
cien bueyes del bagaje, y el airado
escuadrón de elefantes suspendido
quedó cuando en la sangre ha reparado,
y, así, volviendo atrás con furia brava
los suyos sin piedad despedazaba.
   En efecto, vencí, ¡feliz suceso!
Ya es del imperio cuanto el Tigris baña;
Arsindo, rey de Armenia, viene preso,
y el general de Persia le acompaña.
Asia temblando está, y alegre beso
tus pies, cuando en el mar y en la campaña
adoran las provincias del oriente
el laurel soberano de tu frente.

Emperador   Belisario, ¿qué favor
                   no es pequeño para darte?
                   Solo pretendo pagarte
                   con mí mismo, con mi amor;

21

que ése es inmenso, y así
grandes mercedes te doy,
dando lo mismo que soy
para que vivas en mí.
   Dos anillos con dos sellos
mandé hacer de un propio modo,
porque podamos en todo
ser los dos uno con ellos.
   Toma el uno, y la amistad
finezas haga y extremos.
Cástor y Pólux seremos.
Belisario es mi mitad.

Belisario	Solo una cosa te ruego.
Emperador	Hazla tú, ¿Qué me propones ni ruegas?
Belisario	Es que perdones a Leoncio.
Emperador	Venga luego, y no solo le perdono, pero mercedes le haré; porque hombre que digno fue de tu intercesión y abono ofenderme no ha podido. Por buen vasallo le tengo; y por eso a entender vengo. Envidias le han perseguido.
Belisario	Beso tu mano.
Leoncio (Aparte.)	(¡Que yo

viniese a matar así
al que me da vida a mí!
¡Mal haya quien lo mandó!
 ¡Mal haya quien lo ha intentado
y quien le fuere traidor!)

Floro   Mirando al Emperador
                  Fabricio quedó elevado.
                    Si de esta caja pudiera
                  sacarle un papel, sería
                  buena fortuna la mía
                  porque servirme pudiera;
                    que él mismo me lo ha mostrado.
                  Ni nombre ni señas tray.

(Sácale un papel de una caja de latón y métele otro.)

                  Valientes industrias hay
                  para un gallina soldado.
                    Topélo; el alcance sigo.
                  ¡Helo! En esto no soy manco.
                  Zámpole un papel en blanco,
                  que acaso traigo conmigo.
                    Boquiabierto Juan Paulín
                  a los dos césares mira
                  y de su amistad se admira.
                  ¡Bisoño en la corte al fin!
                    Así supiese mi amo
                  que aquestas manos pelean.

Emperador   Ya es tiempo que todos vean
                  cuánto tus virtudes amo.
                    Triunfar debes; llega ya
                  en esa imperial carroza

a Constantinopla, y goza
aplausos que el vulgo da.

Floro   Todo es confuso tropel
en la corte. Aquí te tengo.
Pues que de servirte vengo,
lee, señor, este papel.

(Dale el papel al Emperador.)

Belisario   ¿Qué intentas, necio?

Floro   Que creas
que Floro en la guerra fue
valiente duende, y que sé
pelear sin que me veas.

(Lee.)

Emperador   «Gran señor, el que éste lleva
es un valiente soldado.
Dos banderas ha ganado.
No hay hombre que a más se atreva.
   Julio, maestre de campo.»
Besarme la mano puedes.
Tenga en la corte mercedes
quien servir sabe en el campo.
   Una villa tienes ya,
y esta merced no es muy rica
según Julio certifica.

Floro (Aparte.)   (Y aun agosto lo dirá.)

Belisario   Di, ¿cúyo es este papel,

necio?

Floro   Del maestre de campo.

Belisario   Otra vez que esté en el campo,
pelead en mi cuartel.

Fabricio (Aparte.)   (Si a este gallina le han dado
sin méritos galardón,
gozar quiero la ocasión.)
Yo señor, soy un soldado
  pobre, que en Persia serví,
según en éste verás.

(Dale otro papel.)

Emperador   No has servido; servirás,
que el papel lo dice así.
  Si en blanco traes los servicios,
en blanco quedarte puedes.

(Rómpelo y vase el Emperador.)

Fabricio   ¡Buenas son estas mercedes!
Perderé dos mil juicios.
  ¿A una gallina maldiciente
una villa y a mí nada?

Floro   No tiene igual esta espada.
Sed, Fabricio, más valiente.

Fabricio   ¡Un loco rascacaballos
tiene suerte más dichosa!

Floro	Sois, Fabricio, poca cosa para un señor de vasallos.
Leoncio	Espera, blasón del mundo.
Belisario	¿Qué quieres?
Leoncio	Besar tus pies. Leoncio es éste que ves.
Belisario	¡Oh, capitán sin segundo! No te conocí, que el traje desmintió tu calidad.
Leoncio	En manos de la amistad vuelvo a hacer pleito homenaje de ser tuyo.
Belisario	Entre los dos habrá amistad verdadera.
Leoncio	El emperador te espera. Adiós, Belisario.
Belisario	Adiós, y a esa mujer no ofendida templa el injusto rigor.
Leoncio	Yo te encomiendo mi honor.
Belisario	Yo te encomiendo mi vida.

(Vanse. Salen Teodora y Marcia.)

Marcia	Señora, ¿no me dirás, perdona mi atrevimiento, por qué has mandado matar al que es blasón del imperio? Dime la causa, pues ya me descubriste el secreto. ¿Qué te ha hecho Belisario? ¿Tan grande aborrecimiento merece un hombre famoso, hombre que conquista reinos, hombre que reyes cautiva para darte a ti trofeos? ¿En qué te ha ofendido?
Teodora	Marcia, no alabes lo que aborrezco, porque es indignarme más. Bien le quise y mal le quiero. Antes que el Emperador pusiese en mí sus deseos y para feliz consorte su amor me eligiese, dieron a Belisario mis ojos favores, que con desprecios me pagó, y tomo venganzas cuando Emperatriz me veo. Quiero casar a Filipo con Antonio, demás de esto; y ella amando a Belisario no corresponde a mis ruegos.
Marcia	De un rey se dice que tuvo un contrario, antes de serlo; y, siendo rey, sus privados

que le matase dijeron.
Él respondió: «No es razón
que un rey vengue agravios hechos
a un particular». Lo mismo,
señora, decirte puedo.
Los agravios de Teodora
no ha de vengar a este tiempo
una emperatriz del mundo.

Teodora   Soy mujer; piedad no tengo.

(Sale Antonia.)

Antonia   Señora, si a esos balcones
hacen oriente los cielos
de tus ojos, hallarás
el mayor triunfo que vieron
los romanos. En un carro
de oro y rubís, compitiendo
con el carro del aurora
en los hermosos reflejos
de luz y púrpura, viene
terror de persias y armenios,
Belisario, dando a Europa
gloria y blasones eternos.
Tráele a su mano derecha
el Emperador; que en esto
se descubre en un vasallo
la grandeza de su dueño.
Al concurso de la gente
y a los aplausos del pueblo,
las aves se han suspendido
en las esferas del viento.
Dos generales y un rey

lleva delante, que, presos
con cadenas de oro, dicen
la gloria del vencimiento.

Teodora (Aparte.) (¡Válgame Dios! No ha podido
el alborozo del pecho
disimular con la lengua
al amor que está allá dentro.
Por la boca y por los ojos
vas exhalando el incendio
que en el corazón no cabe.
Imprudente es el contento;
mal sabe disimular.
Rabiando estoy, y no puedo
sufrir alabanzas suyas.
¡Que Leoncio no le ha muerto!
¡Ah, cobarde!) Antonia, Antonia,
yo te juro por los cielos
y por la vida dichosa
—atiende a este juramento—
del grande Justiniano,
que si en público o secreto
das favor a Belisario,
si con los ojos atentos
le miras, si con palabras
lisonjeas sus deseos,
si le escribes ni respondes
apacible, Antonia, muerto
le has de ver, por mí mandado.
No he de castigar sus yerros
en ti sino en él, y así
tu amor será su veneno.
Tú le matas si le quieres;
y a jurar otra vez vuelvo

	del Emperador la vida
	que han de darle muerte.

Antonia   ¿Y debo
                     ser ingrata y descortés
                     a quien con tanto respeto
                     me sirve?

Teodora   Si yo te caso
                     con Filipo que es mi deudo,
                     ¿por qué a mi gusto te opones?

Antonia   Celos me dieras con esto
                     a no saber que es venganza.
(Aparte.)   (¿Qué desdicha es ésta, cielos?
                     ¿No he de amar a Belisario?
                     ¿No he de estimar sus afectos?
                     ¿No he de agradecer su amor?
                     ¿No he de honrar sus pensamientos?
                     ¿No de mirar su buen talle?
                     ¡Remedio, cielos, remedio!,
                     que si tanto amor reprimo,
                     ha de reventar el pecho.)

(Salen el Emperador, Belisario, Narsés, Filipo, y acompañamiento.)

Belisario   Déme vuestra majestad
                     la mano.

Teodora (Aparte.)   (Disimulemos,
                     ira y venganza.) Seáis
(Aparte.)   bienvenido. Alzad. (Yo vuelvo
                     a ver si Antonia le mira.)
(A Antonia.)   Baja esos ojos al suelo,

que le costará la vida.

Antonia (Aparte.)   (Muero por mirarle, y temo
de esta tigre los enojos.
¡Remedio, cielos, remedio!)

(Aparte.)   (¡Ay, Antonia de mi vida!
Gracias al Amor, que veo
el cielo de tu hermosura.
Dudoso del bien que tengo
no doy crédito a los ojos;
mas, ¡ay de mí! ¿Qué es aquesto?
Los suyos no ha levantado
para mirarme. Recelo...
Mas, ¡qué recelo, qué digo,
si con mis dudas la ofendo,
con mis sospechas la agravio?
Recato ha sido discreto.
Ella su amor disimula.)

Antonia (Aparte.)   (Más os valiera estar ciegos,
ojos, si no habéis de ver
lo que con el alma quiero.)

(Sale Leoncio, de caballero.)

Leoncio   Leoncio está a vuestros pies,
gran señor, agradeciendo
el perdón que le habéis dado,
la merced que le habéis hecho.

Teodora (Aparte.)   (¿Perdonado está Leoncio?
Nuevos enojos prevengo.
Este traidor me ha vendido,
Él descubrió mi secreto.)

| Leoncio | Déme vuestra majestad |
| | la mano. |

(A Leoncio.)

Teodora	Traidor, ¿qué es esto?
	¿Cuando el perdón te ofrecí
	porque le matases, veo
	que él vive y tú le consigues?

| Leoncio | No hallé ocasión, ni pretendo |
| | darle muerte. |

Teodora	Basta, basta.
(Aparte.)	(Pues éste a la gracia ha vuelto
	del Emperador, sin duda
	que ha revelado mi intento
	a Belisario. No fío
	de Leoncio más, ni quiero
	dilatar esta venganza.)
	Narsés.

| Narsés | Señora. |

Teodora	El gobierno
	de Italia tendrá, si matas
	a Belisario.

Narsés	Yo acepto
	tu palabra, y cumpliré
	lo que mandas.

| Teodora | Te encomiendo |

el secreto y brevedad.

Narsés   Todo está a mi cargo.

Antonia (Aparte.)   (Temo
que le mato si le miro,
y si no le miro muero.
Con dos accidentes lucho,
con dos contrarios peleo,
y con dos muertes batallo.
¡Remedio, cielos, remedio!)

Emperador   Belisario, ven.

(Vase el Emperador.)

Belisario (Aparte.)   (Sospechas,
muchas fuerzas vais teniendo.
Con rigor me mire Antonia,
turbado su rostro veo.
¡Matadme, sospechas mías,
antes que lleguéis a tiempo
de ser en mí desengaños!)

(A Antonia.)

Teodora   ¿Mirándole estás? Muy necios
y livianos son tus ojos.

Antonia   Y crueles tus preceptos.

Teodora   No amas mucho, pues no temes...

Belisario (Aparte.)   (Ella se mudó. Soy muerto.)

(Vanse todos. Se queda Antonia.)

Antonia
¿Que ponga ley a mis ojos
un colérico interés?
Obstinado animal es
una mujer con enojos.
De sus fáciles antojos
aprisa toma venganza.
En todos tres hay mudanza.
Ella manda sin razón,
él se va sin galardón,
yo adoro sin esperanza.
   Mi pecho amando es ingrato,
favoreciéndole es fiero,
si le aborrezco le quiero,
y si le quiero le mato;
su vida está en mi recato,
su muerte está en mi favor,
en mis ojos hay rigor.
Amor, a muerte condenas.
¡Oh, laberinto de penas!
¡Oh, confusiones de amor!

(Sale Teodora junto al paño.)

Teodora
Cuando una mujer porfía
aborrece de esta suerte.
Belisario vuelve. Advierte
que tras de esta celosía
te he de escuchar.

Antonia
Tiranía,
es la tuya, imperio no.

¿Qué amante triste se vio
en tal trance? Estoy sin mí.
Con el alma diré sí.
Con los labios diré no.

(Sale Belisario sin ver a Teodora.)

Belisario   A tus pies llega vencido
un amante vencedor,
aunque mal he dicho «amor»
lo que «obligación» ha sido;
si es fuerza haberte querido
después de haberte mirado,
«un corazón obligado»
llega a tus pies a vivir;
que no me atrevo a decir
«corazón enamorado».
    ¿Cuando triunfo del oriente,
muestras tú tristeza extraña?
O es tu amor el que me engaña
o es mi vista la que miente.
Si el alma está diferente,
estélo, señora mía,
tu beldad; que es tiranía,
si he de amarte, que se vea
mudada el alma y que sea
la beldad la que solía.

Antonia   Con ese amoroso engaño
a la mariposa imitas,
pues tu muerte solicitas
amando tu propio daño;
y así yo te desengaño
que es tu amor, si en ti no mueve

niño que un cuchillo quiere,
y como el peligro ignora,
cuando no se lo dan llora
y si se lo dan se hiere.
  Y, así, de ese amor te olvida.

Belisario   Oye, escúchame, por Dios.

Antonia (Aparte.)   (Vivid, Belisario, vos
                         y cuéstame a mí la vida.)

(Vase Antonia.)

Teodora   Eso sí.

(Vase Antonia.)

Belisario   ¿Cuándo, homicida,
                         se ha mudado de esta suerte
                         mujer alguna? ¿Tan fuerte
                         es en ti el aborrecer?
                         Mas, ¿si es ella la mujer
                         que ha procurado mi muerte?
                           Contra el alma y los sentidos
                         hay ejército de enojos;
                         desengaños ven los ojos,
                         rigor sienten los oídos
                         el corazón llora olvidos,
                         suspensión el pensamiento,
                         y es tan grande el sentimiento
                         que, de todos combatida,
                         solo se escapa la vida
                         para darme más tormento.
                           Que se mude una mujer

ya se vio, cualquiera alcanza
mayorazgo en la mudanza,
y que dé en aborrecer
también común suele ser;
pero que matar intente
al desdichado que ausente
su luz hermosa adoró,
rigor es que no se oyó
en las lenguas de la gente.

(Sale el Emperador. Sacan una luz y recado de escribir sobre un bufete.)

Emperador   Tu amigo verdadero
pienso ser hasta la muerte,
no dirán que vengo a verte
sino también que te quiero.
  Con la amistad son iguales
el vasallo y el señor,
y es la riqueza mayor
que tenemos los mortales.
  Y como la majestad
de un rey no ha comunicado
otro rey, en el privado
goza el bien de la amistad.
  Conózcase mi favor
en todo aqueste hemisferio.
Príncipe eres del imperio
y perpetuo dictador.

Belisario   Deja que bese tus pies
por honras tan desiguales.

Emperador   Toma estos tres memoriales.
Uno elige de esos tres

                         para el supremo gobierno
                         de Italia.

Belisario   Yo, gran señor,
                         no merezco tal favor.

Emperador   ¡Y mereces nombre eterno!
                           Libre elección has de hacer
                         aunque más lo dificultes.
                         Voyme, porque no consultes
                         conmigo tu parecer.

(Vase el Emperador.)

Belisario   Fortuna, tú que me subes
                         hasta la región del fuego,
                         y como el Olimpo griego
                         me has coronado de nubes,
                           si me levantas así
                         para desdicha mayor,
                         o niégame tu favor
                         o ten lástima de mí.
(Siéntase.)   Aunque la melancolía
                         conduce a mis ojos sueño,
                         quiero obedecer el dueño
                         que de mi elección se fía.

(Lee.)   Memorial de Leoncio. Aquéste
                         a mil Numas le anticipo
                         yo. Memorial de Filipo.
                         Bien se puede confiar de éste
                           Italia, que es sin segundo.
                         ¿De quién el tercero es?
                         Narsés dice. Todos tres

pueden gobernar el mundo.
La abundancia es la que impide
la elección que Italia espera,
porque a cada cual quisiera
darle el gobierno que pide.
La duda que tengo es fuerte.
Dejémoslo a la Fortuna.
No he errado empresa ninguna.
Haga esta elección la suerte.
Solo de Antonia la fe
mi mayor desdicha ha sido.
En mi vida fui vencido.
Catorce veces triunfé.

(Baraja
los memoriales.)
Sin que los títulos vea,
éste elijo. Narcés dice.
Él ha sido el más felice.
¡Quiera Dios que yo lo sea!

(Escribe
en el memorial.)
El decreto escribo, y luego
si el sueño me ha de vencer,
que el odio de una mujer
me ha de permitir sosiego,
ganar amigos procuro;
mi descanso es hacer bien
y el proverbio dice: «Quien
hace bien, duerme seguro».

(Sale Narsés, de noche.)

Narsés
Con el silencio y quietud
de la noche está el palacio,
pintando en sombras y lejos
la soledad de los campos.

Mal sosiega un ambicioso;
mal reposan los cuidados
de los soberbios que a oficios
en las cortes van trepando.
Teodora me ha prometido
si doy muerte a Belisario
el consulado de Roma
y de Italia el magistrado.
Si es emperatriz, ¿qué mucho
que vengue yo sus agravios?
Aquí está y está dormido.
Bien dicen que es un tirano
de la mitad de la vida
el sueño. Ya no es retrato
sino vivo original
de la muerte su letargo.

(Saca la daga.) A nunca más despertar
le considero. ¡Qué vanos
son los discursos del hombre!
¡Qué designios tan errados!
A éste le juzgué inmortal
cuando venciendo y triunfando
fue la pompa del imperio,
y ya le está amenazando
en este puñal la muerte.
No se mueve. Yo le mato.
Aquí memoriales veo.
La curiosidad me ha dado
antojos de ver primero
si dio oficios soberanos
del imperio. Éste es el mío.
Pienso que está decretado.
Su letra es y dice así:

(Lee.) Merece, señor, el cargo
de Italia Narsés. Electo.
¿Cómo puedo ser ingrato
al que procura mi bien?
¡Oh, valor extraordinario
de capitán invencible
y de prudente privado!
Yo he de ser agradecido,
aunque caiga en este caso
de la gracia de Teodora.
Sepa el peligro en que ha estado.
Aquí le escribo un aviso

(Escribe.) si bien el secreto guardo
de quien es la que desea
su muerte. El acero clavo
sobre el mismo memorial,

(Clava la daga.) y así le digo callando,
por enigmas, que fui yo,
el que la vida le ha dado.
Ya desvelados los ojos
muestran que fue breve rapto
del sueño. Vele, quien tiene
tan poderoso contrario.

(Vase. Despiértase Belisario.)

Belisario solo el sueño y el amor
me han vencido. No es agravio
el del sueño, que es pasión
natural. ¿Qué es lo que hallo
tan cerca de mí? Fortuna,
¿si son éstos los amagos

de tu mudanza? Dos veces
vi puñal amenazando
mi vida. De la tercera
me libre Dios. Y clavado
en el memorial de Narcés,
¿qué significa? Reparo
en dos renglones escritos
de otra letra y de otra mano.

(Lee.) «Hacer bien te dio la vida.»
Y escrito está más abajo:
«Guárdate de una mujer.»
¡Válgame Dios! ¿Tan tirano
es el corazón de Antonia?
¿Tan aprisa está buscando
mi muerte? Éstos son avisos
que da el cielo soberano.
En el memorial se muestra
mi dicha, pues doy los cargos
del imperio, y el acero
diciendo está cuán cercano
tiene su peligro aquél
que ocupa lugares altos.
Memorial y acero juntos
no es nueva unión, no es milagro;
ejemplo son de las cortes,
sucesos de los palacios.
Mas si el hacer bien me guarda,
pensamiento, no tememos;
hagamos bien, porque al fin
esto no podrá faltarnos.

(Sale el Emperador con cartas, y un criado que tome la vela. Antonia al paño.)

Emperador	Nuevas guerras me amenazan.
	Las cartas me dan cuidado.
	¿África se me rebela
	cuando tengo a Belisario?
Antonia (Aparte.)	(Siguiendo voy recelosa
	del Emperador los pasos.
	Temo que guerras emprende
	y ha de ausentar a quien amo.
	Quiero escuchar desde aquí.)
Emperador	Amigo, amigo, temblando
	está el imperio, si tú
	no le das la invicta mano;
	los feudos de África roban
	los vándalos.
Belisario	¡Castigarlos,
	triunfar de ellos! Cipión
	segundo seré en Cartago.
Emperador	Quiero ver las demás cartas.
(Lee aparte.)	
Belisario (Aparte.)	(A Antonio he visto acechando
	en esta puerta, y mi muerte
	quiso ver.) ¡Ingrata, en vano
	has intentado dos veces
	mi desdicha y mis agravios!
Antonia	Agora temo tu ausencia.
Belisario	Solo de mi ausencia trato

porque, ausente, no podrás
conseguir tu intento falso.
Allá me darán la muerte
en los reinos africanos.

Antonia   Primero será la mía.

Belisario   ¿Tanto lo deseas, tanto?

Emperador   Oye.

Belisario   Señor.

Emperador   Hoy conviene
que a África partas.

Belisario (Aparte.)   (Hoy salgo
de peligros más crueles.)
Al momento, señor, parto.

Emperador   Quiero ver el otro pliego.

(Adviértase que el Emperador está en medio leyendo y un criado alumbrando, y Belisario le habla a hurto con Antonia, llegándose y desviándose cuando llama el Emperador, y ella se está siempre en la puerta porque no la vea el Emperador.)

Antonia   ¿Así te partes, ingrato?

Belisario   Temo tu furor aquí,
y en los reinos más extraños
no temo los enemigos.

Antonia   ¿Así me dejas?

Belisario	No aguardo
	a que tercero puñal
	vea en mi sangre bañado.
Antonia	¿Qué? ¿No sientes irte?
Belisario	No.
Antonia	¡Y serán eterno llanto
	mis ojos en tanta ausencia!
Belisario	Y yo ruego al cielo santo,
	pues que vengarte deseas,
	que en los reinos africanos
	algún alarbe cruel,
	con alguna flecha o dardo,
	de Belisario la vida
	acabe, y así quedamos
	tú vengada y yo en morir
	entre mis fieros contrarios,
	[............]
	No han de permitir los hados
	ni los cielos que se logran
	tus intentos que tiranos
	son para mí.
Antonia	Bien lo creo
	de un corazón desdichado.
Belisario	¡Ah, falsa! ¿Que no lo niegas?
Emperador	Belisario.

Belisario	Señor.
Emperador	¿Cuándo te partirás?
Belisario	Esta noche.
Emperador	Si tú me vuelves triunfando serás el mayor ejemplo de la dicha; que estos brazos te han de levantar al cielo.
Belisario	Ejemplos del mundo raros. ¡Oh, mundo, aquí me levantas, y allí me están derribando!
Antonia	Oye.
Belisario	Sin causa me ofendes.
Antonia	¿Te vas?
Belisario	Sí.
Antonia	Quedo rabiando.
Belisario	¡Qué intentos tan fementidos!
Antonia	¡Qué amores tan desdichados!

Fin de la primera jornada

Jornada segunda

(Salen el Emperador y acompañamiento.)

Emperador   Dejadme a solas. Me hallo
sin Belisario mejor.
No ha tenido tanto amor
ningún rey a su vasallo.
  En un memorial de tres
que mi amor le ha consultado,
hallé que aviso le han dado
que enemiga suya es
  una mujer, y su vida
me es forzoso defender.
¿Quién será aquesta mujer
enojada y ofendida?

(Salen Teodora, Antonia, Marcia y Camila.)

Teodora   Para celebrar tus años
quieren las damas hacer
una comedia. A saber
tu gusto vienen.

Emperador   Engaños
  son del tiempo nuestros días.
Sin Belisario, en su ausencia,
no deben tener licencia
regocijos ni alegrías.

Antonia   Déte el cielo inmortal nombre
y mida en tu larga edad,
en su misma eternidad,
del mayor rey el renombre...

Emperador (Aparte.)   (Una de éstas ha de ser
                             la que el odio en su alma tray,
                             porque en solas éstas hay
                             belleza, industria y poder.
                               ¡Válgame Dios! ¿Cuál será?
                             Que no puede ser Teodora,
                             porque si mi pecho adora
                             y en él Belisario está,
                               no sentirá agravio alguno,
                             porque su amor no ignoró
                             que ella, Belisario y yo
                             morimos muriendo el uno.
                               Antonia Patricia es
                             la que él un tiempo ha servido.
                             Si la Emperatriz no ha sido;
                             ¿Cuál será de aquellas tres?
                               Marcia es noble, y no hay pasión
                             que de quien es la enajene.
                             Camila es su deuda y tiene
                             apacible condición.
                               Ya me esfuerzo a hacer de suerte
                             que discreto o ignorante
                             se descubra en el semblante
                             la que pretende su muerte.)
                               ¿Qué comedia hacéis?

Camila   Señor,
                             de Píramo y Tisbe.

Emperador   ¿Y quién
                             hace a Tisbe?

Camila   Antonia.

48

Antonia (Aparte.)   (Y bien,
                    por mi desdichado amor.)

Emperador   Marcia, ¿qué hacéis?

Marcia   La criada.

Emperador   ¿Camila?

Camila   La madre haré
                    de Tisbe.

Emperador   Fábula fue
                    de los griegos celebrada.
                     ¿Quién es Píramo?

Camila   Sin ti
                    elegir no le debemos.

Teodora   Filipo será.

Antonia (Aparte.)   (¡Qué extremos
                    para sacarme de mí!)

Emperador   Mejor le hará Belisario
                    si a tiempo llega, aunque yo
                    imagino que murió
                    a manos de su contrario.

Antonia   ¿Qué dices, señor?

Teodora   ¿Qué dices?

Antonia	¡Muerto Belisario!
Teodora	¡Muerto!

Emperador (Aparte.)   (Las dos con el caso incierto
han turbado los matices
  de su rostro. Indicios son
las turbaciones que han hecho
de que tienen en el pecho
alguna oculta pasión.
  Afecto es de amor o agravios.
Enemigas son o amantes.
Pasión muestran los semblantes.
Cuidado dicen los labios.
  Y bien puede ser que sea
sentir su adversa fortuna,
porque la teme la una;
otra porque la desea.
  Si en Teodora resplandece
el honor que limpio ha sido,
Antonia es quien le ha querido,
Teodora quien le aborrece.
  De Belisario la suerte
vengaré con tal furor
que se descubra mi amor
más que en la vida en la muerte.)
  La amistad es alma fiel
que en dos cuerpos se dilata;
quien le mata a mí me mata,
que en mí vive y vivo en él.
  El imperio sin segundo
mostrará este afecto bien,
aunque la muerte le den
las cuatro partes del mundo.

Si algún deudo le agraviara
su propia sangre vertiera;
si yo su enemigo fuera
en mí mismo me vengara.
  Y deshiciera mi ser
no siendo el ser de los dos,
aunque fuera, ¡vive Dios!,
o mi hijo o mi mujer.

(Vase el Emperador.)

Antonia   Ya tales desdichas son
término de mis enojos.
Alma, mostrad por los ojos
pedazos del corazón.

(Vase Antonia.)

Camila   Nuestra fiesta habrá cesado
si Belisario no viene.

(Vase Camila.)

Marcia   ¡Que gusto este fin no tiene
cuando yo le he deseado!

(Vase Marcia.)

Teodora   ¡Que con su sangre y su ser
diga que será tirano!
¡Que anteponga Justiniano
un vasallo a su mujer!
  ¡Más me ha causado furor
su amenaza! No me admira;

51

antes convierte en ira
lo que pudo ser temor.
   ¿Tan flaco poder alcanza
mi brazo? Corrida estoy.
¿De qué sirve el ser quien soy
mientras no tomo venganza?

(Sale Filipo.)

Filipo   Pienso que dicen tus ojos,
ya que no escuché tus labios,
que padece el alma agravios,
que el corazón sufre enojos.

Teodora   ¡Oh, Filipo! Causa es tuya
la que el gusto me prohibe;
mientras Belisario vive,
ha de ser Antonia suya.
   No la puedo reducir.
Amante es de Belisario.

Filipo   Poderoso es el contrario.

Teodora   ¿Por qué? ¿No puede morir
   un poderoso?

Filipo   Señora,
yo me atreveré a que muera
si me das favor.

(Salen Narsés y Leoncio y quédense a la puerta.)

Narsés   Espera,
no entremos, que está Teodora

aquí.

Filipo	¡Juro por los cielos,
dueños de la humana suerte,
que he de vengar en su muerte
tus agravios y mis celos!
¿Qué importa que haya triunfado
de varios reinos y gentes?
Mis celos son más valientes.
Matarélo.

Leoncio	¿Has escuchado?

Narsés	Sí.

Teodora	Mira qué has prometido;
que Leoncio y Narsés fueron
tan cobardes que temieron
su valor.

Filipo	Nunca he temido,
y aún, si gustaras, les diera
la muerte a esos dos que así
no te sirven.

Narsés	¿Oyes?

Leoncio	Sí.

Narsés	Pues, retírate acá fuera.

(Vanse Leoncio y Narsés.)

Teodora	La venganza no es traición.

Mátale tú con secreto,
que mi favor te prometo.

(Vase Teodora.)

Filipo

Leyes tus preceptos son.
  No es en el ánimos fuertes
la vida inmortal misterio.
Desde César, el imperio
todo es tragedias y muertes
  de varios principales
por envidia o por venganza.
Teatros son de la mudanza
los palacios imperiales.

(Paseándose.)
  Ya que la noche ha venido
con alguna oscuridad,
y de Antonia la beldad
suele a este parque florido
  dar abriles de hermosura,
hablarla quizá podré
porque agradezca una fe
con firmeza y sin ventura.
  Noche apacible y serena,
sombra y eclipse del día,
convida a esa galería
a la que causa mi pena.

(Salen Narsés y Leoncio embozados.)

Narsés

  Si darnos muerte desea,
la oscuridad nos ayuda.
Éste es Filipo sin duda
que en el parque se pasea.
  Belisario es nuestro amigo;
vida le damos si muere

el que quitársela quiere.

Leoncio   Aquí me tienes contigo.

(Salen Belisario y Floro por otra puerta.)

Belisario   Antes que el Emperador
                 sepa, Floro, que llegamos,
                 entre estas flores y ramos
                 sabidores de mi amor,
                  que dichoso ser solía
                 por singular y por mucho,
                 quiero ver si a Antonia escucho
                 hablar en la galería.

Floro   Por poderte asegurar,
                 te hablara. Teme traición
                 y démosle de antubión
                 dos libras de rejalgar.

Belisario   Calla, loco.

Filipo   Amantes vienen
                 al parque, como es verano.
                 Sospecho que meten mano
                 estos dos que se detienen.
                  ¿Qué gente?

Leoncio   De mal hacer.

Filipo   Aquí engañados están,
                 porque, en efecto, hallarán
                 quien se sabrá defender.

Belisario	Un hombre solo llegó,
	y dos con él se declaran.
Floro	¡Oh, gallinas! ¡No toparan
	con un hombre como yo!
	¿Quieres que los mate?
Belisario	Espera.

(Riñen y cáesele la espada a Filipo.)

Filipo	¡Oh, qué desdichado he sido!
	La espada se me ha caído.
Narsés	¡Muera, mátale!
Belisario	No muera;
	que hay quien le defienda.
Narsés	¿Quién
	un traidor está amparando?
Belisario	Un hombre que anda buscando
	cómo hacer a todos bien.
Leoncio	No vi furia más cruel.
	Poderoso es el contrario.
Narsés	A estar aquí Belisario,
	pensáramos que era él.

(Vanse los dos.)

Filipo	Ya hallé la espada. A tu lado
	me tienes; mucho me obligas.

Belisario	No es menester que los sigas, que ya los dos te han dejado.
Filipo	Di quién eres, porque así conozca mi obligación.
Belisario	Yo la tuve en esta acción y así me he obligado a mí. No quiero agradecimientos, y así no importa saber quién soy.
Filipo	Es agradecer es de honrados pensamientos, y es bien que este bien merezcan los míos.
Belisario	El bien obrar por sí mismo se ha de amar y no porque lo agradezcan.
Filipo	Si tú no me has conocido ni yo te conozco ya, el bien que has hecho será el bien dado por perdido.
Belisario	No se pierde el bien que se hace.
Filipo	Sea esta sortija, pues, prenda de mi amor.

(Dale una sortija.)

Belisario	Cortés
	pretendo ser, que me place.

Filipo

> Ni yo os conozco, ni vos
> conocéis con quién habláis.
> Quédese así pues gustáis.

Belisario

Adiós, caballero.

Filipo
(Aparte.)

> Adiós.
> (Algo la voz he fingido
> porque anduve desdichado.)

(Vase Filipo.)

Belisario

> La voz he disimulado.
> Ninguno me ha conocido.
> Hago bien sin ambición.

Floro

¿Hay para todos diamantes?

Belisario

¿Conocístelos?

Floro

> Danzantes
> de espadas pienso que son.
> Gallos en su muladar,
> valentejos en su tierra.
> ¡Cuerpo de Dios, a la guerra
> donde yo suelo pelear!

(Vanse los dos. Salen el Emperador y Narsés.)

Narsés

> Mucho tiempo ha pasado
> que el gobierno de Italia me habéis dado,

señor, y detenido
por el despacho estoy.

Emperador   Lo he suspendido,
por cierta causa. Ya ha llegado el día.

(Enséñale un memorial.)

¿Conoces esta letra?

Narsés   Letra es mía.

Emperador   ¿Quién es esa mujer tan agraviada
que amenaza cruel con mano airada
mi amigo Belisario? Dilo luego.

Narsés   Manda que muera al punto. Esto te ruego
y no que el nombre diga.

Emperador   El negarlo me obliga
a que saberlo quiera
con más afecto.

Narsés   Ordena que yo muera
antes que yo me atreva
a darte de quién es, señor, la nueva.

(Vase Narsés.)

Emperador   Quién es me ha dicho ya; que si no fuera
Teodora, clara está que lo dijera.

(Sale un criado.)

Criado	Del ejército de África han venido dos soldados.
Emperador	¿Y albricias no has pedido? ¡Oh, cuánto deseaba saber de Belisario!

(Salen Floro y Belisario. Adelantándose Floro.)

Floro	Pues, quedaba bueno y tiene deseo...
Emperador	No prosigas. Diciendo que está bueno, más no digas.

(Llegándose Belisario.)

Belisario	Pues yo diré lo demás, y que es vuestro esclavo digo.
Emperador	¡Oh, alegre voz de mi amigo! Bien has hecho, que me das este gozo dilatado, si de repente has venido; que mata no prevenido siempre el gusto demasiado.
Belisario	Dame la mano.
Emperador	No quiero, porque el pecho es tu lugar. que en el alma debe estar el amigo verdadero. Levanta, amigo leal;

que parece desacato,
que esté en el alma el retrato
y en la tierra el original.
    Pues iguales nos formó
la amistad, llega a abrazarme;
sube tú para igualarme,
porque así no baje yo.
    Amor, amando se paga;
y será mejor así
hacerte César a ti
que no que yo me deshaga.

Belisario   Sabe, pues...

Emperador   ¿Qué he de saber?
Cuando sé que vivo estás,
no pretendo saber más;
basta, amigo, basta ver
    lo que quiere el alma cuerda.
Si te he visto y tú me viste.
África no se conquiste
y el ejército se pierde.

Belisario   Las tres palabras que oí
de Julio César diré:
«Vine, vi y vencí», y pondré
otra más: que al rey prendí.

Emperador   Siendo César diferente
pues fue cruel ciudadano,
y tú vasallo cristiano
más dichoso y más prudente,
    no le alegues, ni profanes
ese valor verdadero,

que eres el texto primero
que han de alegar capitanes.
    Desde el día en que nací
el triunfo y pompa te debo;
y será nacer de nuevo
darte yo glorias a ti.

(Aparte.)   (Velemos, pues, Justiniano;
porque será suerte dura
que me borren una hechura
que dibujé de mi mano.)

(Vase el Emperador. Salen Marcia y Camila.)

Marcia   Sean muy en hora buena
la venida y las victorias.

Camila   Goce de eternas memorias
tu fama de lenguas llena.

Belisario   Con favores tan extraños,
¿quién será mortal jamás?

Marcia   Tres días faltan no más
para celebrar los años
    del Emperador.

Belisario   Y pues,
¿conmigo, qué se remedia?

Marcia   Tú has de ser en la comedia,
Píramo.

Belisario   Tisbe, ¿quién es?

Marcia	Antonia.
Belisario (Aparte.)	(¡Albricias, sentidos!
	¡Qué buena fiesta tenéis;
	pues es fuerza que escuchéis
	amores, aunque fingidas!
	Hablaréla de esta suerte
	con razones lisonjeras.
	Píramo amará de veras
	y Tisbe querrá su muerte.)
	Venga el papel.
Camila	Veisle aquí.
Marcia	Floro ha de hacer un criado.
Floro	Jamás he representado,
	vencido africanos, sí.
	Pero yo lo estudiaré.

(Dan un papel a cada uno.)

Camila	Antonia viene.
Marcia	Ensayemos,
	pues que ya las tres sabemos
	nuestros papeles.

(Sale Antonia.)

Antonia (Aparte.)	(¿Podré
	disimular el contento,
	encubrir la turbación,
	alentar el corazón

63

y despedir el tormento?)
En hora buena, señor,
sea la victoria.

Belisario   Y fuera
dichoso si así venciera
en las guerras del amor.

Marcia   Ensayemos, pues.

Camila   Amigo,
tú comienzas y los dos
salís juntos.

Floro   Plegue a Dios
que sepa lo que me digo.

(Lee.)   «Jesús, María. Comedia de Píramo y Tisbe.
Jornada primera.
Sale Tirso, alborotado y dice:
Píramo y señor, escucha /
el más extraño suceso.
Pie: dolor. Llorando quedaba Tisbe, /
que era verla compasión.
Pie: A saberlo voy volando.
Vase.
Segunda Jornada.
Pie: Esperanza. ¡Ay, qué desdicha!
Que pienso / que está muerto mi señor. Finis.»

Camila   Todo el papel ha ensartado.

Marcia   Él es notable persona.

Floro	Mejor haré la leona, que lo tengo ya estudiado.
Antonia	Suspende un rato el ensayo mientras Teodora no viene, pues veo que conmigo tiene furia y violencia de un rayo.
Camila	Advierte que la enojamos si acaso os llegase a ver.
Belisario	Buen remedio. Responder que la comedia ensayamos.
Antonia	Gracias al cielo, señor, que hablarte una vez me toca, porque me helaba en la boca las palabras el temor. Callando el alma su amor, reprimiendo sus antojos, crecieron dándome enojos y si los quiero decir, dudo que puedan salir por la boca y por los ojos.
Belisario	No prosigas. Di, primero, si es eso de tu papel, que ser un pecho cruel agora tan lisonjero es novedad, y así infiero o que mi desdicha intentas o que a Tisbe representas; pues son tus formas ingratas, de Antonia cuando me matas,

de Tisbe cuando me alientas.

Antonia   ¿Yo, cruel? ¿Yo ingrata soy?

Belisario   Sí, pues mi muerte pretendes.

Antonia   ¿Un honesto amor ofendes?

Belisario   Ejemplos de amarte doy.

Antonia   ¡Ah, mudable! Firme estoy.

Belisario   Firme en estar olvidando.

(Sale Teodora a la puerta.)

Antonia   ¿Yo te olvido, ingrato? ¿Cuándo?

Belisario   Cuando te muestras infiel.

Antonia   Eres falso.

Belisario   Eres cruel.

Teodora   ¿Qué es eso?

Camila   Están ensayando.

Belisario   Aunque tu dueño ha venido,
                 decir mis quejas intento,
                 que no tiene sufrimiento
                 amor cuando está ofendido;
                 bien sé que no he merecido
                 favor tuyo levantado

sobre el zafir estrellado,
mas no te ofendí de suerte
que el procurarme la muerte
te pueda haber disculpado.

Antonia   Calla, necio, que no puedo
favorecerte ni hablar.

Belisario   Mal te pueden disculpar
de no amor respeto y miedo.

Antonia   Ni lo niego, ni concedo;
mas siempre una misma fui.

Belisario   En aborrecerme a mí.

Antonia   En ser la que debo ser.

Belisario   Bien dices, que eres mujer.

Teodora   ¿Y esto es de la farsa?

Camila   Sí.

Teodora (Aparte.)   (Éstos me engañan.) Prosigan.
(Aparte.)   (A hurto pienso cogellos.)

(Hace que se va y escóndese Teodora.)

Antonia   Ya que cogí los cabellos
a la dulce Ocasión, digan
las penas que me fatigan
mis labios, porque Teodora
quiere que tenga traidora

el alma con tal violencia
que te olvide en su presencia
y cuando se va te adora.
　　La mano que tú mereces
por Filipo ha conquistado.

Belisario　　¿Luego, tú no ha enviado
a que me maten dos veces?

Antonia　　¡Jesús! ¿Yo? ¿Siendo jueces
los cielos de que te adora
el alma? Solo Teodora
me amenaza con crueldad.
Marcia, Camila, ¿es verdad?

Marcia　　Sí, señora.

Camila　　　　Sí, señora.

Belisario　　Alma, sentid alegría;
y procúreme la muerte
el enemigo más fuerte
y la mayor tiranía.
Ya no temo, siendo mía
la que adoro y ofendí
con mis sospechas; y así
seré el ejemplo mayor
de la dicha en este amor.

(Sale Teodora a la puerta.)

Teodora　　¿Todavía ensayan?

Marcia　　　　Sí.

Antonia	Tisbe finjo ser.
Belisario	Prosigo.
	En efecto, Tisbe hermosa,
	aunque fortuna envidiosa
	use rigores conmigo,
	sola Antonia..., Tisbe digo.
Floro	Apunten.
Belisario	...sola ha de ser
	la que tengo de querer,
	porque no es bien singular,
	sino fuerza, desear
	y no obliga a padecer.
Antonia	Píramo, en tus dulces brazos
	pudieras ver mi persona,
	si no hubiera una leona
	que nos quiere hacer pedazos;
	romper intenta los lazos
	del amor con el desdén
	y en el mal hallo mi bien
	porque es gloria para mí
	morir si muerto por ti.
Teodora	¿También es farsa?
Marcia	También.
Camila	Mucho se van declarando.
Marcia	¡Oh, qué ciego el amor es!

                              ¿Cómo, señora, no ves
                              que tu madre está escuchando?

Antonia   En vano está porfiando
                              quien imposibles contrasta.
                              Tu intención es limpia y casta,
                              agradecimiento pide,
                              mas si el hado no divide,
                              ¿qué quieres, Píramo?

Teodora   Basta.
                                  Dame ese papel, que así
                              señal y escarmiento doy
                              de que si leona soy
                              habéis de temblar de mí.
(Rompa la comedia.)   Esto os notifico aquí.

Belisario   Sin razón te has enojado.

Marcia   ¡Qué venganza!

Camila   ¡Qué cuidado!

Antonia   Triste voy.

Teodora   Rabiosa yo.

Floro   La comedia se acabó.
                              Perdón, ilustre senado.

(Vanse todos. Quede Belisario.)

Belisario   ¿Si es Teodora la que muerto
                              me desea? ¡Cosa es rara!

70

¡Oh, quién se desengañara!
¡Oh, quién supiera lo cierto!
  Que es Teodora me parece,
y ella en efecto ha entendido,
que fue el ensayo fingido;
y como nos aborrece,
  ha inflamado el corazón
en ira.

(Sale Filipo.)

Filipo (Aparte.)   (Ya prometí.
A gran cosa me atreví.
Leyes las palabras son.
  Su muerte quiere mi prima,
y hoy mis cuidados la intentan.
Celos son los que me alientan
y una emperatriz me anima.
  La mano le he de pedir
lisonjero, y bien asida,
podré quitarle la vida
sin que él lo pueda impedir.
  Aquí está solo, y la gente
de palacio retirada.
La ocasión es extremada.)
Dame, Príncipe valiente,
  la mano; que he de besar
la mano que sabe ser
blasón, columna y poder
del imperio.

Belisario   ¿Yo he de dar
  mano a Filipo, si espero
entre sus brazos honrarme?

Filipo	Yo no pienso levantarme,
	sin que vos me deis primero
	la mano.
Belisario	Pues yo os la doy
	de amistad, que ésta deseo.
Filipo (Aparte.)	(¡Cielos! ¿Qué es esto que veo?
	Vencido y suspenso estoy.
	Mi sortija es ésta. Él es
	el que la vida me ha dado.)
Belisario	Filipo, ¿qué hacéis postrado
	de esa manera a mis pies?
Filipo (Aparte.)	(Un bien y una sinrazón,
	un agravio, una amistad,
	un valor y una crueldad,
	una fe y una traición
	me hacen dudar de esta suerte
	siendo contrarios sujetos.
	Y han hecho tales efetos
	los ojos viendo su muerte.
	En dos distintos antojos
	y dos extremos violentos
	hacen mal los pensamientos
	y bien han hecho los ojos.
	Y así entre dos huracanes
	dudando, quiero y no quiero,
	suspenso como el acero
	cuando está entre dos imanes.)
Belisario	Levantad, que no os entiendo
	ni sé vuestra turbación.

Filipo	Leal soy en la traición.
	Vida os doy cuando os ofendo.
	Por la ofensa estoy corrido,
	por la vida alegre estoy.
	Los que me disteis os doy
	porque al fin no hay bien perdido.
Belisario	Sospecho que os entendí.
	A matarme habéis venido
	y el acero ha suspendido
	conocer este rubí.
Filipo	Y aun es acción merecida
	que el brazo piadoso y fuerte,
	que anoche excusó mi muerte
	me quite agora la vida.
	Aunque si mal no intentara
	no luciera en ese pecho
	el precio del bien que ha hecho
	ni a ser tuyo me obligara.
	Ya han permitido los cielos
	que de mis intentos huya;
	pues con la presencia tuya
	sin envidia estoy ni celos.
	Argos seré de tu vida
	y no pienso obedecer
	venganzas de una mujer
	poderosa y atrevida.
Belisario	¿Quién es?
Filipo	Decirlo quisiera
	aunque mi palabra ofendo,

73

pero ve tú discurriendo.

Belisario   ¿Es Camila?

Filipo   No es tan fiera.

Belisario   ¿Marcia?

Filipo   Piadosa es también.

Belisario   ¿Alcina?

Filipo   No lo intentó.

Belisario   Dime si es Antonia.

Filipo   No.

Belisario   ¡Hágante los cielos bien!
                  ¿Es Teodora?

Filipo   Adiós, amigo.

Belisario   ¿Vas callando?

Filipo   Hablando voy.

Belisario   ¿Tú eres mi amigo?

Filipo   Sí, soy.

Belisario   Dilo, pues.

Filipo   Ya te lo digo.

(Vase Filipo.)

Belisario   ¿Qué tengo más que saber?
De Teodora es la porfía.
¡Con qué afecto y agonía
aborrece una mujer!
Si son un alma y un ser
Teodora y Justiniano,
¿cómo un mismo cuerpo humano
inconstancia tiene tanta,
que una mano me levanta
y me derriba otra mano?
   Bien esta duda me explica.
De una víbora se saca
el veneno y la triaca;
el Sol mata y vivifica.
Si rigores multiplica,
¿cómo me podré guardar?
Que si es nube su pesar
y en conspiraciones tales
llueve sobre mí puñales,
alguno me ha de alcanzar.
   Quejarme al Emperador
es ponerme en más cuidado,
porque el hombre bien casado,
con prudencia y con amor,
crédito ha de dar mayor
a su mujer que a su amigo.
¡Cruel estrella, hado enemigo!
¿Vivir temiendo es vivir?
Él viene; yo he de fingir;
que entre sueños se lo digo.

(Siéntase. Salen el Emperador y Narsés.)

Narsés

Entrando van en efecto,
por Italia longobardos
y talando las campañas,
como los soplos del Austro,
derriban pálidas hojas,
cuando en noviembre enojado
prende arroyos y desata
la hermosura de los campos.
Italia, señor, se pierde.
Si me hubieras despachado
quizá naciones del norte
no vinieran.

Emperador

Habla paso,
porque he visto allí dormidos
los ojos de Belisario,
y en lo dulce de aquel sueño
yo mismo estoy reposando.
Mientras este varón vive,
vengan los reyes extraños
al imperio, que saldrán
llenos de horror y de espanto.
Haz que se prevenga el triunfo
para mañana. Bizarro
triunfará de África, y luego
iréis a Nápoles ambos.

(Vase Narsés.)

¡Oh, admiración de los hombres!
Del mundo fueras milagro
si hubieras nacido rey
como naciste vasallo.
Causándome estás respeto;
a amor me estás provocando.

Eres un rasgo divino;
eres un prodigio humano.

[Habla soñando Belisario.]

Belisario   ¿Por qué, Emperatriz, me matas?
                    ¿Cuándo te hicieron agravio
                    mi lealtad y mis servicios?

Emperador   Entre sueños está hablando.

Belisario   Si para quitarme a Antonia
                    homicidas has buscado,
                    tu vasallo soy leal;
                    no cometí desacato
                    jamás contra tu persona.

Emperador   Como son unos retratos
                    los sueños de las pasiones
                    del alma, en dormidos labios
                    vi despierta la verdad
                    que saber he deseado.
                    ¿Cómo así duermes seguro
                    cuando tienes por contrario
                    mujer bella y poderosa?
                    Pero date mi palacio
                    la inmunidad y el descuido.
                    Duerme y vive, que velando
                    estoy tu vida y tu sueño.
                    A mí mismo en ti me guardo.

(Pónese el Emperador detrás del paño. A la otra puerta salen Teodora y Filipo.)

Teodora   Eres cobarde.

Filipo	No pude.
	Yo buscaré más espacio
	la ocasión.

| Teodora | Dame esta daga. |

(Quítasela.)

| Filipo | No te vaya despeñando |
| | tu crueldad. |

| Teodora | No me aconsejes. |

| Filipo | Si yo, señora, le mato, |
| | ¿qué más quieres? |

| Teodora | No te creo. |

Filipo (Aparte.)	(¡Quién pudiera despertarlo
	que allí durmiendo le veo!)
	A tu decoro gallardo
	no conviene.

| Teodora | No des voces. |

| Filipo | Porque despierte lo hago. |

Belisario (Aparte.)	(Claro está que si durmiera
	que hubiera ya despertado.
	Mucha ve quien vela y calla.)

| Teodora | Guarda la puerta, entretanto |
| | que yo llego a darle muerte. |

Filipo (Aparte.)   (¡Oh, qué sueño tan pesado!
                          Quiero tropezar.) ¡Jesús!

(Tropieza. Hace ruido en una silla.)

Teodora   No hagas rumor.

Filipo (Aparte.)   (¿Tan ingrato
                 he de ser si me dio vida?
                 Parece que es un letargo
                 su sueño.)

(Vase Filipo.)

Teodora   ¡Viven los cielos,
                 que pues tres hombres no osaron
                 vengarme del que aborrezco,
                 que ha de morir a las mano
                 de una mujer.

(Vale a dar y sale el Emperador y detiénela.)

Emperador   ¡Tente, loca!
                 ¿No miras que yo le guardo?
                 Con sus ojos y los míos,
                 hacemos los dos un Argos.
                 La mitad está durmiendo
                 y la otra mitad velando.
                 Mi imagen es y, otro día,
                 traerá el acero villano
                 contra el mismo original
                 la que se atreve al retrato.
                 ¿Matarme quieres?

Teodora	¡Señor!
	¿Yo contra ti?

Emperador	Paso, paso;
	que aun interrumpirle el sueño
	he de sentir por agravio.

Belisario (Aparte.)	(¡Oh, señor, cuánto te debo!)

Teodora	Yo quise...

Emperador	Cierra los labios,
	que oír no quiero tus quejas
	ni atender a tus descargos.
	Bien sé que pasiones son,
	porque sus triunfos y lauros,
	sus victorias y trofeos,
	sus pompas y magistrados,
	quisieras para tu primo;
	y es tu pecho tan ingrato,
	tu condición tan terrible,
	tu humor tan extraordinario,
	que envidias lo que debieras
	estimar, pues no es extraño
	sino propio el bien que tienen
	el amigo y el criado.
	Éste que miras, ingrata,
	es un patricio romano,
	es un varón consular
	que en los reales y campos
	del Emperador Justino,
	mi señor, era un soldado
	cuando joven, tan valiente,

tan animoso y bizarro,
que mereció por sus hechos
una estatua en el senado.
Dos veces me dio la vida
porque perdido el caballo
en las guerras de Asia, viendo
que me cercaban contrarios,
rompió por ellos, cual suele
rasgar con truenos un rayo
esferas de viento y nubes
de fluecos tornasolados.
Su caballo me dio, y luego,
abriendo por todos paso,
al ejército me vuelve
con vencedores aplausos.
Otra vez pasando el Tigris
en sus ondas de alabastro
me vi perdido y, rompiendo
globos de nieve, en sus brazos
me sacó a la margen verde.
Fue capitán, y en dos años
tuvo treinta desafíos
de cuerpo a cuerpo retando
enemigos del imperio:
persas, medos, griegos, partos.
Fue general y la esfera
del imperio ha dilatado
a los términos que tuvo
en los tiempos de Trajano.
Doce reyes ha vencido,
quince veces ha triunfado
con el triunfo que mañana
le están previniendo en carros
competidores del Sol.

¿En qué madera, en qué mármol
no merece los cinceles
de Lisipo y de Lisandro?
No fue vencido jamás,
y en las guerras se ha mostrado
un prudente Julio César,
un magnánimo Alejandro.
¿Éste quieres deshacer?
Más es león africano
que, abiertos los ojos, duerme.
En sueños está bramando.
¡Ay, de aquel que se le atreva!
cuatro reyes, admirados
de su fama, hasta mi corte
por verle peregrinaron
y estando en presencia suya
en un éxtasis y pasmo
de admiración se quedaban
atentos y embelesados.
¿Cómo una mujer se atreve,
sin prudencia y sin recato,
sin piedad y sin temor,
contra el que está amenazando
allí al mundo? ¿Son de tigre
tus entrañas? ¿Hasta cuándo
ha de durar la venganza
de tus antojos livianos?
¡Vive Dios, y por la vida
de que tú aborreces tanto,
que a no ser atento y cuerdo,
este acero...! Reprimamos,
cólera, tales razones,
que soy príncipe cristiano,
amante de mi mujer,

y me llama el mundo sabio;
mas si el derecho civil
y leyes de los romanos
pongo en orden y reduzco
a un volumen reformado,
justiciero debo ser,
satisfacer debo agravios,
castigar debo delitos
y huir respetos humanos.
¡Hola!

(Hace que despierta Belisario.)

Belisario   ¿Señor?

(Salen Filipo, Leoncio y Narsés.)

Narsés   ¿Qué nos mandas?

Emperador   A la Emperatriz le han dado
algunas melancolías,
y parece acuerdo sano
que se retire algún tiempo
de la corte y de palacio.
A Antioquía ha de irse. Allí
pasar puede este verano
en la casa de su padre.
Id los tres acompañando
su persona y, porque vea
lo que debo a Belisario,
traedme las imperiales
insignias.

(Vase Narsés.)

Teodora (Aparte.)   (Estoy temblando.
                          De cólera puede ser,
                          no de temor.)

Emperador   Breve rasgo
                          es de Dios el rey, y así
                          humildes valles levanto,
                          soberbios montes inclino.
                          Batan moneda, que a un lado
                          tenga mi rostro y en otro
                          el de Belisario orlado
                          de letras que digan: «Este
                          sustenta el imperio sacro».
(A Teodora.)   Muere de envidia, cruel.

(Saca Narsés en una fuente un bastoncillo y una corona de laurel dorado.)

Narsés   Aquí están.

Emperador   Mi imperio parto
                con quien lo merece entero.
                Por sucesor te declaro
                de mi imperio. César eres.
                Rey eres ya de romanos.
                El bastón imperial, hoy,
                dividido en dos pedazos,
                dirá que un alma tenemos.

Belisario   ¡Señor...!

Emperador   No repliques.

Belisario   Hago

lo que mandas.

(Parten entre los dos el bastón.)

Emperador   El laurel
del imperio sacrosanto
también se ha de dividir,
que con esto estoy mostrando
que hay un poder en los dos.

Belisario   ¿Tantas honras a un esclavo?

(Parten la corona.)

Emperador   Tantas honras a un amigo.
¡Ea! Mandar debes algo
en señal de posesión,
que aun yo tus preceptos guardo.

Belisario   Si eso, señor, ha de ser,
suplico...

Emperador   ¿Qué dices?

Belisario   Mando
en tu presencia, señor,
(Aparte.)   (esta voz me causa empacho),
mando que la Emperatriz,
mi señora...

Teodora   ¡Ah, cruel villano!

Belisario   ...no se vaya de la corte
ni salga de tu palacio,

y este bastón y laurel
pongo a sus pies soberanos
porque todo es suyo, y yo
soy un pequeño traslado,

(Pone a sus pies laurel y bastón.)

un borrón, una pintura
de su poderosa mano.

Teodora (Aparte.)　　(Vencióme la cortesía.
Venciéronme los halagos
de su modestia. Ya siento
el pecho desenojado.)

Emperador　　Obedecido serás
y ya en lugares tan altos
serás el mayor ejemplo
de la dicha.

Belisario (Aparte.)　　　(El postrer paso
de la fortuna di agora.
No hay más que subir. Vivamos,
corazón, con gran cordura,
con modestia y con recato.)

Filipo　　¿Quién vio tan grande ventura?

Leoncio　　¿Quién vio tan feliz soldado?

Narsés　　¿Quién oyó tales favores?

Emperador　　¿Quién tuvo tan buen vasallo?

Teodora	¿Quién no venció sus enojos?
Belisario	¿Quién subió a lugar tan alto? Fortuna, tente. Fortuna, pon en esta rueda un clavo.

(Vanse todos.)

Fin de la segunda jornada

Jornada tercera

(Salen Belisario, Leoncio, Filipo y Floro.)

Leoncio   Bien venga el restaurador
                   del imperio.

Belisario   Bueno está.

Filipo   Si lo sabe dejará
                   la caza el Emperador.

Belisario   Su majestad se entretenga
                   al latir de los sabuesos,
                   que de Italia los sucesos
                   podrá saber cuando venga.

Leoncio   ¿No hubiera sido prudencia,
                   sin atender a la ley
                   de vasallo, hacerte rey?

Filipo   Según aquella sentencia,
                   que Eurípedes repetía,
                   Belisario, mal hiciste;
                   Rey de Italia ser pudiste.
                   Por reinar no hay tiranía.

Leoncio   Monarca de este hemisferio
                   fue César siendo atrevido.

Filipo   Tirano en efecto ha sido
                   el principio del imperio.

Leoncio   Mudable es la condición.

No es monte la voluntad.

Belisario (Aparte.)   (O éstos prueban mi lealtad
o mis amigos no son.
  Así les responderé
ya que su intención ignoro.)
Tú, ¿qué dices a esto, Floro?

Floro   La fábula contaré
  de la zorra que cazaba
para el lobo noche y día,
y solamente comía
lo que al lobo le sobraba.
  Esta sujección dio pena
a cierto zorrazo viejo,
y dábale por consejo:
«No comas por mano ajena.»
  Respondióle: «¿Yo traidora
con el lobo mi señor?».
Cogiólo de mal humor
un día la tal señora;
  diez gallinas le llevó
y él le replicó: «Esta vez,
¿cómo me traes solas diez
si he menester once yo?
  Y pues, no hay quien me socorra
en esta hambre canina,
a falta de una gallina
no será mala una zorra».
  Bien aplicado lo ves.
No hablo a persona sorda.
El que cochino engorda
comerlos quiere después.

Belisario   ¡Vive Dios, loco atrevido,
                 que esta lengua he de cortar!

(Vase tras él con la daga.)

Floro   Tres lenguas puedes sacar
                 si el consejo te ha ofendido.
                    ¿Contra una lengua porfías
                 si son tres las que pecaron?

Belisario   Estos señores hablaron
                 por ver lo que tú decías.
                    Los reyes por privilegio
                 dioses de la tierra son,
                 y hacer con ellos traición
                 es cometer sacrilegio.
                    Bien sé que contra las leyes
                 han hecho las tiranías
                 imperios y monarquías;
                 traiciones han hecho reyes.
                    Si es fácil la voluntad
                 del hombre, aunque rey se llama,
                 no se ha de perder mi fama
                 de parte de mi lealtad;
                    que obedeciendo a mi dueño,
                 más altos honores hallo
                 en ser yo el mayor vasallo
                 que no ser un rey pequeño.

(Pónense a hablar los tres y sale Teodora.)

Teodora (Aparte.)   (Locos pensamientos míos,
                 no os engañen esperanzas,
                 porque son vuestra mudanzas

91

amorosos desvaríos.
    Quise un tiempo a Belisario
y desprecios padecí;
sus partes aborrecí
y era el amor su contrario.
    Ya del olvido al amor
anda el alma sin sosiego,
porque ha recibido el fuego
que encubrió mi altivo honor.
    Si le dan dicha los cielos,
si el Emperador le estima,
si le quiere bien mi prima,
¿qué mucho que envidia y celos
    produzcan amor en mí?
¡Qué batalla con mi honor!
¡Ay de mí, si vence amor!)

Floro   La Emperatriz está aquí.

Belisario   Déme vuestra majestad
                          su mano.

Teodora   Salid afuera.

Filipo (Aparte.)   (Yo pienso que persevera
                          en su tirana crueldad.)

(Vanse y quedan Teodora y Belisario.)

Teodora   Vos seáis muy bien venido.

Belisario   Feliz vino quien escucha
                          tal favor.

Teodora (Aparte.)   (El alma lucha
                     con el amor y el olvido.
                      ¡Ayer tanto aborrecer
                     y hoy amor tan singular!
                     Bien dicen que es como el mar
                     el alma de una mujer.)

Belisario   Ya habréis sabido el trofeo
                     de Italia.

Teodora   De más rigor
                     sé que venís vencedor.

Belisario (Aparte.)   (Más apacible la veo.
                      ¡Oh, si se fuese mudando
                     su terrible condición!)

Teodora (Aparte.)   (El Amor y la Ocasión
                     me van aquí despeñando.
                       Huid, fáciles antojos,
                     dejadme en eterna calma,
                     que se va asomando el alma
                     a los labios y a los ojos.)

Belisario   Ir pretendo, en seguimiento
                     de su majestad, al monte.

Teodora (Aparte.)   No os vais. (Corazón, disponte
                     si no tienes sufrimiento.
                       Mi primera inclinación
                     fue a Belisario. Si agora
                     quien le aborreció le adora,
                     no es mucho. Cenizas son
                       de mis antiguas pasiones,

	y ya será agradecido
	pues mi rigor ha temido.)
Belisario	¿Qué mandas? ¿Qué detenciones
	en el hablarme son éstas?
Teodora (Aparte.)	(Ya atropellado el honor
	salga de golpe el amor
	sin demandas ni respuestas.)
	Belisario, ¿has olvidado
	aquel tiempo en que yo amaba?
Belisario	Vuestro pecho adivinaba
	que le estaba destinado
	el imperio, y para honrallo
	con liberal bizarría
	vuestra majestad me hacía
	favores como a vasallo.
Teodora	Y tú, entonces, para ser
	de Antonia, me dabas celos.
Belisario (Aparte.)	(¿Qué lenguaje es éste, cielos?
	Mucho temo esta mujer.)
	Conociendo tu grandeza,
	nunca yo me prometí
	que hiciese caso de mí
	tu virtud y tu belleza,
	porque estaban dedicadas
	al que es mi dueño y señor.
Teodora	Almas que alienta el amor
	no han de ser desconfiadas.
	Yo por desprecio tenía

lo que fue desconfianza,
y así tomaba venganza;
mas ya Amor...

Belisario (Aparte.)   (Fortuna mía,
tente; que en aquellos labios
cuyo silencio deseo,
como en un espejo veo
mi desdicha y mis agravios.
El que no temió escuadrones
del africano poder,
temiendo está una mujer,
temblando está a sus razones.
Mujer, mi sepulcro labras.
Tres veces darme quisiste
la muerte, y hoy me la diste
con esas pocas palabras.
Mi lealtad es infinita,
ioh, mi rey y emperador!,
mal te quitará el honor
quien la haciendo no te quita.)

Teodora (Aparte.)   (Ya me ha entendido, y mi estrella
que le dé un favor me manda.
Cuando levante esta banda
pienso dejarle con ella.)

(Deja caer una banda.)

Belisario   Dame licencia, que debe
saber cómo ya llegué
el César.

Teodora (Aparte.)   (O no la ve

o a tomarla no se atreve.)
Luego iréis.

Belisario (Aparte.)   (¿Con qué intención
la banda dejó caer?
¡Que pasase una mujer
del rigor a la afición
tan fácilmente!)

Teodora (Aparte.)   (Este guante
hará que la banda vea.)

(Deja caer un guante.)

Belisario (Aparte.)   (Que la levante desea.
Amor muestra en el semblante.
Haréme desentendido.)

Teodora (Aparte.)   (O mi favor le ha turbado,
o el no mirar es cuidado.)
Un guante se me ha caído.
¿Cómo a alzarlo no te inclinas?

Belisario   Ya, mi señora, le vi;
pero no me toca a mí
levantar prendas divinas.
Si yo las toco, profano
su valor y su deidad;
que no será autoridad
recibirlas de mi mano.
Llamaré quien las levante,
porque en mí es acción grosera.
¿No hay una dama allá fuera
que dé una banda y un guante

                          a su majestad?

Teodora (Aparte.)   (Cruel,
                      ¿mi favor no has de estimar?)

Belisario (Aparte.)   Antonia viene. (Al pasar
                       le he de dar este papel.)
(Sale Antonia.)   Un guante se le cayó
                       a su majestad; y así,
                       como no me toca a mí
                       levantarlo, te llamó.
                          Llega a dárselo.

Antonia   Sí, haré,
                       pues tan dichosa he venido.

(Dale un papel y échaselo ella en la manga.)

Belisario (Aparte.)   (Favorecerme ha querido.
                        Lindamente me escapé.)

(Vase Belisario.)

Antonia (Aparte.)   (¿Banda y guante por el suelo?
                        Mi temor ha sospechado
                        que cayeron con cuidado.
                        Muchas máquinas recelo.)

(Levanta la banda y el guante y dáselos.)

Teodora   ¿Tú, por fuerza, habías de ser
                        la que viniste en oyendo
                        a Belisario?

Antonia	¿Te ofendo en servir y obedecer?
Teodora	¿Qué papel es ése?
Antonia	¿Cuál?
Teodora	El que en la manga has echado.
Antonia	¿Pues, eso te da cuidado?
Teodora	Hame parecido mal. ¡No has de verle ni saber lo que contiene!
Antonia	Señora...
Teodora	No hay que replicarme agora, soy curiosa, soy mujer.

(Sácale el papel de la manga y échalo en la suya.)

Antonia	Pienso que no son desvelos solo de mujer curiosa.
Teodora	Si no, ¿de quién?
Antonia (Aparte.)	De envidiosa. (Abrasada voy en celos.)

(Vase Antonia.)

Teodora	¿Que me haya yo declarado sin remedio ni esperanza?

Banda, tomemos venganza,
que en el suelo os han dejado.
   Guante, vuestro honor se halla
despreciado como mío;
sed guante de desafío.
Entremos hoy en batalla.
   Amor, no fuistes amor;
sin duda fuistes deseo,
pues que así trocado os veo
segunda vez en rigor.
   Declaré mi voluntad.
Desprecióme; es mi enemigo.
No es bien que viva testigo
que vio mi facilidad.
   Rabiando quedo de enojos.
Venguen los muchos agravios,
mis querellas en los labios,
mis lágrimas en los ojos.

(Sale el Emperador.)

Emperador   Mi Teodora, ¿dónde está
Belisario? A verle vengo.
Del alborozo que tengo
quietud ni gusto me da.
   A Italia ha restituido,
sujetando nación fiera.

Teodora   No le busques. Más valiera
que allá quedara vencido.

Emperador   ¿Aún la cólera te dura?
¿Qué te ha obligado a llorar?
¿O pretendes aumentar

con lágrimas tu hermosura?

Teodora   Bellezas desdichas son.
No sé cómo responderte.
Abrame el pecho la muerte;
verás en él mi pasión.
    Tanto aborrecer a un hombre,
tanto quererle matar,
tanto gemir y llorar
en escuchando su nombre,
    ¿no te han dicho....?

Emperador   Espera; calla.
Mira qué dices, primero;
advierte que bien le quiero
y se han de dar la batalla
    la queja de mi mujer
y el crédito de mi amigo,
y luchando ambos conmigo
no sé cuál ha de vencer;
    que están en una balanza
el amor y la amistad.
Tú tienes mi voluntad
y él tiene mi confianza.
    Mi mujer y amigo aquí
balanzas son, ¡vive Dios!,
y no sé cuál de los dos
ha de poder más en mí.

Teodora   Por eso quiero morir.
Por eso quiero ausentarme.
Si el callar ha de matarme,
si ha de matarme el decir.
    Mis no creídos agravios,

si todo ha de ser rigor,
dilatemos el dolor
del corazón a los labios.
     ¿Quieres ver si pesa más
mi amor que su confianza?
Pon tu honor en la balanza
del amor, y lo verás;
     que, rica de tu favor
con soberbia y vanidad,
hallarás que la amistad
intenta tu deshonor
     y, pues mi agravio es un rayo
que se ha engendrado en mi seno,
sírvame, al nacer, de trueno
o mi muerte o mi desmayo.

(Siéntase desmayada Teodora.)

Emperador   ¿Qué dices, mujer? ¿Qué dices?
Desmayóse y con pasión
ha robado el corazón
a su cara los matices
     de púrpura y de clavel.
Con su pálida hermosura
me ha dicho mi desventura.
Sin duda en este papel
     me escribe la triste suma
de rigores alevosos,
porque a labios vergonzosos
sirve de lengua la pluma.
     De Belisario es la letra.
Nuevo linaje de enojos
me está turbando los ojos
y el corazón me penetra.

(Lee.)   «Cuando pensé que querías
                          matarme, sin ofenderte,
                          estimaba aquella muerte
                          más que las victorias mías.
                             Porque morir a tus manos
                          fuera vivir mereciendo,
                          como agora estoy muriendo
                          a tus ojos soberanos.»
                             ¿Qué duda el alma, que ignora
                          abismos de confusiones?
                          Bien se ve que estas razones
                          solo son para Teodora.
                             Del pecho el alma revienta.
                          Déme Dios dolor tan fuerte
                          que no le alcance la muerte
                          para que viva y lo sienta.
                             Tu honestidad, tu decoro
                          te han causado tal tormento
                          que envidio tu sentimiento
                          y tus desmayos adoro.
                             ¿Qué tengo ya que esperar,
                          pues desmayada y hermosa
                          ha quedado, como rosa
                          que acabaron de cortar?
                          ¡Hola!

(Salen Marcia, Camila y Antonia.)

Antonia   ¿Señor?

Emperador   A Teodora
                          dio un accidente violento.
                          Retiradla a su aposento.

(Llévanla.)	Agora, dolor, agora
	es el tiempo de acabar
	el vivir y el padecer.
	Inmortal debo de ser
	pues no me acaba el pesar.
	Cuando matarle quería
	ella calló estos agravios,
	que el honor aun a sus labios
	su misma ofensa no fía.

(Sale Belisario.)

Belisario   Dame la mano, señor.

Emperador (Aparte.)   (Aquí es menester paciencia;
                      aquí es menester prudencia;
                      aquí es menester valor.
                      ¡Oh, duro trance, aquí, aquí
                      era el morir! ¿Para cuándo
                      está la muerte guardando
                      sus rigores para mí?)

Belisario   A Italia hoy he restaurado
                     y esta victoria, señor,
                     es la victoria mayor
                     que mi fortuna os ha dado.
                     Debe de ser la postrera.

Emperador (Aparte.)   (¡Que este hombre me esté agraviando
                      y que estándole mirando
                      tenga él vida y yo no muera!
                      ¿Es posible que mi hechura
                      se haya atrevido a mi honor?
                      ¡No es nuevo que a su criador

haga ofensas la criatura!)

Belisario   Señor, ¿qué mudanza es ésta?
             ¿Vos negándome la mano?

Emperador   Su pensamiento villano
             este papel manifiesta.
              ¿Por qué dudas me permito?
             Ea; muramos los tres:
             Teodora por si no es
             verdadero este delito
              y lo ha sabido fingir;
             por si es cierto, morid vos;
             y yo porque sin los dos
             será imposible vivir.

Belisario   Mi señor, mi rey, mi dueño,
             ¿vos sin hablarme y sin verme?

Emperador (Aparte.) (Que éste se atrevió a ofenderme,
             ¿es verdad, cielos? ¿Es sueño?
              Mas no, que ya está culpado;
             no, que ya estoy ofendido,
             solo en haberlo creído,
             solo en haberlo pensado.
              Voyme; que el que al ofensor
             mira con rostro clemente
             parece que ya consiente
             en su mismo deshonor.)

Belisario   Tal disfavor, tal mudanza
             me han de tener admirado.

Emperador   Muy mala cuenta habéis dado

de mi amistad y privanza.

Belisario   Señor, a vuestros enojos
                   ni di ocasión ni lugar.

Emperador   Los ojos han de pagar
                   lo que pecaron los ojos.

(Vase el Emperador.)

Belisario   ¿Cuándo en verle he dado enojos?
                   ¿Qué podrá significar
                   «los ojos han de pagar
                   lo que pecaron los ojos»?
                     Fortuna, ¿ya te has cansado?
                   Fuerza fue, si nunca paras,
                   que agora me derribaras
                   cuando me ves levantado.
                   No me llamo desdichado
                   por lo que empiezo a sentir;
                   que si el correr y el huir
                   son calidad de tu ser,
                   no es la desdicha el caer,
                   Fortuna, sino el subir.
                     Casi llego a desear
                   la adversidad que estoy viendo,
                   porque pienso ser cayendo
                   el varón más singular;
                   porque el subir y el medrar
                   son escalas de la vida,
                   y honra en mí tan merecida,
                   pues en la virtud se alcanza,
                   no admirará mi privanza
                   y admirará mi caída.

(Sale Filipo.)

Filipo
> Como amigo desleal,
> fuerza he de ser el decillo,
> me envía por el anillo
> que es de su sello imperial
> su majestad.

Belisario
> Si es mortal
> cualquiera por más que prive,
> ¿qué merced eterna vive?
> Todas mueren, claro está,
> porque es hombre quien las da
> y es hombre quien las recibe.
> Todo favor es violento
> cuando no viene de Dios.
> Tomadlo, y dichoso vos,
> si yo os sirve de escarmiento.

Filipo
> Sabe Dios mi sentimiento
> pero no puedo mostrallo.

Belisario
> Novedad en eso no hallo;
> ya sé que es humana ley,
> que en el semblante del rey
> se ha de mirar el vasallo.

(Vase Filipo y sale Narsés.)

Narsés
> Su majestad ha ordenado
> que os secrete vuestra hacienda.
> Nuestra amistad no se ofenda
> que en efecto soy mandado.

Belisario	No me coge descuidado ese mal; ya lo temía; y así, cuando recibía las mercedes que me daba, en mí las depositaba para darlas este día.

(Sale Leoncio.)

Leoncio	El César manda prenderte y de tus males me pesa.
Belisario	¡Con qué priesa, con qué priesa se muda la humana suerte! El rey es como la muerte: despacio favores hace. La vida al hombre que nace y la muerte —¡ah desengaños!— lo que hizo en muchos años con solo un soplo deshace. Yo no le he ofendido en nada; el mismo Sol es mi fe y solamente daré a su majestad mi espada más gloriosa y más honrada porque siempre le he servido.

(Salen Julio, Fabricio y el Emperador.)

Emperador	Yo te prendo y yo la pido.
Belisario	Pisen tus pies la cuchilla que fue octava maravilla.

| Emperador | Haced lo que os he advertido. |

(Dale un papel a Leoncio.)

Belisario   Monarca de dos imperios,
rey del orbe, dueño mía,
si para honrar las virtudes
y castigar los delitos
ha menester el que es rey
usar de los dos oídos
que le dio Naturaleza,
que me deis uno os suplico.
¡Oh quién aquí enmudeciera,
que referir beneficios
no es de magnánimos pechos!
Pero si Séneca dijo
que se deben referir
si el que los ha recibido
o es ingrato o los olvida,
justamente los repito.
Cuando el Tigris os temió
como a celestial prodigio
y de sus cóncavos senos
salió con mayores bríos,
tropezó vuestro caballo
y amenazaba el peligro
fin en globos de cristal,
muerte en montañas de vidrio.
Mi amor os vio agonizando
y me arrojé a los abismos
de nieve donde estos brazos,
remos humanos y vivos,
hecho yo bajel con alma,

del hundoso precipicio
os libraron y el sepulcro
os negaron cristalino
porque el amor que os tenía
las ondas ha dividido
con bombas de fuego. ¿Cuándo
teme nada el que bien quiso?
Otra vez cuando los persas,
que son legítimos hijos
de Marte porque pelean
vencedores y vencidos,
rompieron los escuadrones
del imperio y, sin aviso,
vuestra juventud bizarra
se empeñó en los enemigos,
con valor se defendía,
pero con vanos designios.
Hidras eran, roto un cuello,
resultaban infinitos.
Ya el caballo sin aliento,
manchado el acero limpio,
despedazado el escudo,
vos vencido de vos mismo,
os vi yo porque mis ojos
de vista no os han perdido.
Bien como a la luz del cielo
girasoles amarillos,
acometí, pareciendo
rayo que en ardientes giros
bajó violento abrasando
chapiteles y edificios.
Amor fue, no el corazón,
el que aquella facción hizo.
La dicha fue, no el valor

el que os sacó de peligro;
que como felices hados
os tenían prometido
un imperio, no pudieron
ser allí contra sí mismos.
De vuestro muerto caballo
pasasteis, señor, al mío,
y yo delante de vos
os iba abriendo camino.
Desde la muerte a la vida
os hice allí un pasadizo,
que dar vida a un casi muerto
amagos de Dios han sido.
Vos el imperio heredasteis,
yo lo dilaté hasta el Nilo,
competidor de los mares
y monarca de los ríos,
aquel que entra en su sepulcro
con estruendo y con ruido
y la cuna calla tanto
que aun no saben su principio.
Cuanto Alejandro ignoró
sujeté a vuestro albedrío,
hasta el origen del Ganges
que ve al Sol recién nacido.
Más reinos os tengo dados
que heredasteis. Abisinios,
etíopes, medos, persas,
vándalos, lombardos, indios,
por mí besan vuestro pie.
Cuando Anastasio y Lisinio
contra vos se conjuraron,
¿no os di vida? ¿Qué designios
tenéis hoy en deshacer,

con el borrón del olvido,
hechura que os sirvió tanto,
vasallo que tanto os quiso?
Pasando la primavera
de la edad, llegó el estío
de la juventud lozana,
y a los ejércitos fuimos
donde el águila de Roma,
como el pavón más lucido,
llena de ojos y de cuellos
mira al Sol de hito en hito.
¿Por qué allí me habéis honrado
con magistrados y oficios,
si era el subirme tan alto
para mayor precipicio?
Más bien me hubiérades hecho,
más piedad hubiera sido
dejarme en mi humilde estado
donde viviera bien quisto,
ni envidiado ni envidioso,
que una humilde caña, un lirio
vive sin temer el rayo,
no cual relevado pino
que está expuesto a su rigor
sobre alcázares de riscos.
Cruel sois haciendo bien,
avaro en beneficio,
tirano dando la vida,
engañoso en vuestro estilo.
¿Qué más hiciera algún áspid
entre acantos y narcisos,
una sirena cantando
y llorando un cocodrilo?
Si pensáis que os ofendí,

¿en qué tiempos, en qué siglos
no hubo traidores y engaños?
Porque son un laberinto
los humanos corazones,
y en los palacios más ricos
anda la envidia embozada
con máscara y artificio.
Entre las cosas más claras
ojos engañados vimos;
los remos parecen corvos
en las ondas y zafiros
del mar, y paloma negra
suele volar y, a los visos
del Sol, parecen sus alas
oro y púrpura de Tiro.
Pues si en el agua y el Sol
vemos engaños, rey mío,
ien las lenguas de los hombres
cuantas veces se habrán visto!
iVive Dios, que pude ser
en los reinos adquiridos
más poderoso que vos!
Pero no quise; que os sirvo
con lealtad y por reinar
no la guarda al padre el hijo,
yo sí que he sido vasallo
el más fiel, el más digno
de eterna fama. Señor,
a vuestras plantas me inclino.
Mirad que estoy inocente,
suspended vuestro castigo.
Si es el rey un casi Dios,
advertid que Él no deshizo
al hombre, que antes al mundo

para repararlo vino.
¡No deshagáis vuestra imagen!

(Vuelve el Emperador las espadas y paséase.)

¿Así os vais, airado, esquivo,
que no me habéis consolado,
que no me habéis respondido?
Pues, daré a los cielos voces;
con mil quejas y suspiros
romperé esferas del aire.
¡Sed testigos, sed testigos
cielos, hombres, fieras, plantas,
de mi inocencia, y a gritos
publicad la ingratitud
de los monarcas del siglo!
Bien sé de mi fortuna
son éstos los parasismos,
y que quieren ya expirar
su máquina y edificio.
¡Oíd, mortales, oíd!
¡El César y yo fuimos
de la Fortuna dos ejemplos vivos,
y ya será mi vida
el ejemplo mayor de la desdicha!

(Vanse los soldados y llévanle preso a Belisario.)

Floro   Tragóse el lobo a la zorra.
                 Mi villa, señor, aplico
                 para servirte con ella.
                 Finezas haré contigo.

Emperador   Preven tú la montería

	en ese bosque vecino
	al punto, porque Teodora
	divierta allí los sentidos
	y yo venza mi tristeza.
(Vase Narsés.)	Di, Julio, ¿cómo te ha ido
	en las fronteras de Persia?

Julio

      Bien, gran señor. A Fabricio,
que es un valiente soldado,
te encomendé, y no ha tenido
premio alguno; dos banderas
ganó en Asia.

Emperador

          No me olvido.
Una villa he dado a Floro
por esa hazaña.

Floro

           Servicio
muy enano.

Fabricio

       Yo fui solo
quien tales facciones hizo,
y Floro me hurtó un papel.

Floro

Yo no ofendo a Jesucristo
en el séptimo precepto.

Fabricio

Ni le ofendes en el quinto.

Emperador

La merced hecha, ha de ser
del que venciere. Permito
que aquí saquéis las espadas.

Floro

De aquesta vez me desvillo.

Fabricio	¡Ea!, que el César lo manda.
Floro (Saca la espada.)	Dios no lo manda y yo rindo villa y espada, y seremos yo y el señor Fabricio de la Fortuna dos ejemplos vivos, y yo seré sin villa el ejemplo menor de la desdicha.

(Vanse. Salen Leoncio y Filipo con un papel.)

Leoncio	En efecto, Filipo, éste es el orden que ejecutar el César ha mandado, y así miras ligado a Belisario a un árbol, el que fue segundo César. ¡Tal es la condición de la Fortuna!

(Lee Filipo.)

Filipo	«Sacaréis con cien soldados de guarda a Belisario, fuera de los muros, y allí le saquen los ojos, pues con ellos ofendió la cesárea majestad poniéndolos en lo sagrado de su honor; y ninguno le socorra, pena de mi desgracia, porque quiero que mendigue usó mal de las riquezas que tenía. Justiniano Emperador»
Leoncio	Acto terrible ha sido. Ya el verdugo le ha quitado los ojos y el vestido, y a dar adonde estamos ha venido.

(Sale Belisario, corriendo sangre de los ojos, con una sotanilla vieja y sin valona, sin capa ni sombrero, cayendo y levantando.)

Belisario   Si tuviere culpa alguna
para tanto padecer,
no era maravilla ser
escarnio de la Fortuna;
 mas que el valor y lealtad
padezcan desdichas tales
no han oído los mortales
tan nunca usada crueldad.
 Dadme escudo de paciencia
en este trance, mi Dios,
pues que solamente Vos
sabéis mi mucha inocencia.
 Con la virtud fui subiendo,
pero cuando más subía
la envidia me detenía;
mas yo trepando y cayendo
 con la gran solicitud
de ambas a dos, di en despojos
a la envidia hacienda y ojos,
y la fama a la virtud.

Filipo   Tengamos piedad alguna.

Belisario   ¿Quién habló?

Filipo   Filipo.

Belisario   Amigo,
ya que a mísero mendigo
me ha traído la Fortuna,
 algo me dad con que pueda

	dar, no siendo mi homicida,
	sustento a una poca vida
	que es la hacienda que me queda.
Leoncio	Nos darán por alevosos.
Belisario	No me socorráis, señores,
	si en efecto son traidores
	ya los hombres virtuosos.
Filipo	Solo este palo te doy
	porque te sirva de arrimo.
(Vanse.)	
Belisario	Es gran merced; yo la estimo.
	Siempre agradecido soy.
	¿En qué han pecado los ojos
	que la luz vital les quitan?
	Haberme dado la muerte
	menor tormento sería.
	Mi Dios, mucho te ofendí,
	pues de esta suerte castigas
	mis pecados. Tú lo sabes,
	eterna sabiduría.
	Hombres, Belisario soy;
	el que reinos y provincias
	ganó al imperio, sin ojos
	por estos campos mendiga.
(Sale Narsés.)	
Narsés	Las telas se han de poner
	desde el bosque hasta la orilla
	de este camino.

Belisario	Señores, dad limosna a quien podía ser rey del mundo, y se ve derribado de la envidia. Dad limosna a Belisario cuya famosa cuchilla Asia y África temieron.
Narsés	Tu adversidad me lastima.
Belisario	¿Es quien habló Narsés?
Narsés	Sí.
Belisario	Pues de escarmiento te sirva ver del mayor edificio las asoladas ruinas. Lee en mis ojos los sucesos de los mortales, y mira las vueltas de la Fortuna en mis calientes cenizas.
Narsés	Admiración das al mundo.
Belisario	Socórrese en la fatiga de mi adversidad.
Narsés	No puedo, que el Emperador se indigna con quien pretende ampararte.

(Vase Narsés.)

Belisario	Socórranme las divinas
	manos de Dios, que ellas solas
	son liberales y ricas.
	¿Qué mucho que los amigos
	hoy me nieguen las reliquias
	y migajas de sus mesas
	si temen la tiranía
	de un emperador ingrato?
	Pero callemos; no digan
	que muriendo le ofendió
	quien no le ofendió en la vida.

(Sale Floro.)

| Floro | Mi señor. |

| Belisario | ¿Quién habla? |

Floro	Floro.
	También fui zorra. La villa
	me han quitado.

Belisario	Si los ojos
	te dejan, ten alegría.
	Mendiguemos por el mundo,
	ya que mis pasos imitas
	dejando yo a las historias
	ejemplos de la desdicha.
	¡Mortales, alerta, alerta!
	Esta es la mayor caída
	que dieron ni que darán
	los privados. A mi dicha
	no llegó ningún vasallo.
	Con el César competía

mi fortuna.

(Salen el Emperador y los demás.)

Emperador

Quite el campo
mis graves melancolías.

Belisario

Caminantes peregrinos,
si hay lástima que os permita
tener dolor, Belisario
es ya la fábula y risa
de la Fortuna. Limosna
va pidiendo el que solía
hacer bien a todos, y hoy
no hallo persona viva
que me favorezca.

Emperador (Aparte.)

(¡Cielos!
¨Este espectáculo miran
mis ojos? Piedad es ya
la que hasta aquí fue justicia.)

Belisario

Dadme siquiera consuelo,
porque la inocencia mía
lo merece. No ofendí
jamás al César. Malicia
o envidia me han derribado
porque mi nombre eterniza
el cielo en mi adversidad.

Emperador

Mudo estoy, y solicita
la lengua hablar y no puede.
Temo que fue tiranía
mi rigor. Tarde lo temo;

no quisiera que me digan
las historias «el cruel».

(Por otra puerta salen Antonia, Marcia y Camila.)

Marcia   Ven, Antonia, ven Camila,
ya que se queda Teodora
entre aquellas fuentecillas.

Belisario   Hacia aquí ha sonado gente.
Señores, si el mal lastima
cuando no se ha merecido,
dad limosna a quien castiga
la Fortuna por leal.

Antonia   ¿Qué ilusión, qué sombras frías,
qué sueño, qué devaneos
perturban mis fantasías?
Belisario, hablar no puedo;
toda el alma me lastimas.
Temblando en el pecho, icielos!,
salir ha querido aprisa
el sentimiento del pecho,
mas no pudo y se retira
hasta que resuelto en llanto
destile tantas fatigas.
Belisario, Belisario,
solo entre lágrimas vivas
puedo pronunciar tu nombre.

Belisario   Antonia, esa voz me quita,
después de tanta miseria,
después de estas dos heridas,
la vida que me quedaba,

porque el alma para oírla
se va asomando a la boca.
Tú sabes que no ofendía
a su majestad. Mi honor
te encomiendo. Adiós.

(Déjase caer junto al paño y queda cubierto.)

Antonia   ¿Qué arpía,
qué tigre, qué fiera habrá
que a tal dolor se resista?
Emperador riguroso,
tirano, cruel, homicida,
que a deshacer tus hechuras
te arrojas y determinas,
tan a ciegas Belisario
cortesmente me servía
y Teodora me envidiaba;
un papel, que me escribía
Belisario, me quitó,
y viéndose aborrecida
de tu vasallo leal
convirtió su amor en ira.

Emperador   Calla Antonia, calla Antonia,
más palabras no repitas,
que las creo y me atormentan.
¡Mal haya el rey que derriba
sin acuerdo y sin firmeza
al hombre de quien se fía!
Murió el mayor capitán
que las naciones antiguas
ni venideras tendrán.
Vengue en mis entrañas mismas

el cielo su mal. Teodora
repudiada y abatida
ha de ser, y sola Antonia,
porque él la amó, será mía.

Antonia   Eso no; que vendré a menos.

Emperador   ¿Por qué?

Antonia   Tuvo Roma invicta
muchos Césares y solo
un Belisario.

Emperador   Altas piras
y túmulos honorosos
honras varias y exquisitas
le haré en su muerte.

Antonia   Ya es tarde.

Emperador   No me niegues.

Antonia   Soy muy fina.

Emperador   Bien le quise yo.

Antonia   No hiciste.

Emperador   Su virtud amé.

Antonia   Es mentira.

Emperador   Engañéme.

Antonia	No eres cuerdo.
Emperador	Tuyo seré.
Antonia	Mal porfías.
Emperador	Amaré.
Antonia	A Teodora puedes.
Emperador	Fue desleal.
Antonia	No la olvidas.
Emperador	Ya la repudio.
Antonia	La adoras.
Emperador	Mataréla.
Antonia	No me obligas.
Emperador	Sola Antonia...
Antonia	No me nombres.
Emperador	¿Qué temes?
Antonia	Que solicitas...
Emperador	¿Qué?
Antonia	Mi muerte.

Emperador	No la temas.
Antonia	Miro ejemplos.
Emperador	Y fe miras.
Antonia	Fui de Belisario.
Emperador	Y yo.
Antonia	Si más fuiste...
Emperador	¿Qué?
Antonia	Homicida.
Emperador	Te estimaré.
Antonia	Soy constante.
Emperador	¿No me querrás?
Antonia	¡No en mis días!
Emperador	¿No has de amar?
Antonia	¡No!
Emperador	Pues acabe

en tu firmeza y su vida

(Vanse.) el ejemplo mayor de la desdicha.

Fin de la comedia

Libros a la carta

A la carta es un servicio especializado para
empresas,
librerías,
bibliotecas,
editoriales
y centros de enseñanza;
y permite confeccionar libros que, por su formato y concepción, sirven a los propósitos más específicos de estas instituciones.

Las empresas nos encargan ediciones personalizadas para marketing editorial o para regalos institucionales. Y los interesados solicitan, a título personal, ediciones antiguas, o no disponibles en el mercado; y las acompañan con notas y comentarios críticos.

Las ediciones tienen como apoyo un libro de estilo con todo tipo de referencias sobre los criterios de tratamiento tipográfico aplicados a nuestros libros que puede ser consultado en Linkgua-ediciones.com.

Linkgua edita por encargo diferentes versiones de una misma obra con distintos tratamientos ortotipográficos (actualizaciones de carácter divulgativo de un clásico, o versiones estrictamente fieles a la edición original de referencia).

Este servicio de ediciones a la carta le permitirá, si usted se dedica a la enseñanza, tener una forma de hacer pública su interpretación de un texto y, sobre una versión digitalizada «base», usted podrá introducir interpretaciones del texto fuente. Es un tópico que los profesores denuncien en clase los desmanes de una edición, o vayan comentando errores de interpretación de un texto y esta es una solución útil a esa necesidad del mundo académico.

Asimismo publicamos de manera sistemática, en un mismo catálogo, tesis doctorales y actas de congresos académicos, que son distribuidas a través de nuestra Web.

El servicio de «libros a la carta» funciona de dos formas.

1. Tenemos un fondo de libros digitalizados que usted puede personalizar en tiradas de al menos cinco ejemplares. Estas personalizaciones pueden ser de todo tipo: añadir notas de clase para uso de un grupo de estudiantes, introducir logos corporativos para uso con fines de marketing empresarial, etc. etc.

2. Buscamos libros descatalogados de otras editoriales y los reeditamos en tiradas cortas a petición de un cliente.

www.ingramcontent.com/pod-product-compliance
Lightning Source LLC
Chambersburg PA
CBHW021932040426
42448CB00008B/1028